Georg Thoma **Mein Schwarzwald**

GEORG
THOMA

Mein Schwarzwald

Herausgegeben von
Hansjörg Eckert · Erwin Lauterwasser · Rainer Mülbert
mit Farbbildern von Wolfgang Müller

EULEN VERLAG

Inhalt

Vorwort

Wer an deutsche Sportgrößen denkt, besonders wenn sie Wintersportler sind und dazu aus Baden-Württemberg stammen, kommt an einem Namen nicht vorbei: Georg Thoma. Obwohl seine aktive Zeit bereits lange zurückliegt, ist sein Name untrennbar mit der Geschichte des Skisports und vor allem der Nordischen Kombination verbunden.

Unvergessen ist sein Olympiasieg 1960 bei den Winterspielen in Squaw Valley, bei denen er überraschend als erster Deutscher die Goldmedaille in der Nordischen Kombination erringen konnte. Dieses olympische Gold sollte erst der Auftakt einer unvergleichlichen und spektakulären Karriere sein. So war es nur folgerichtig, daß er 1960 zum Sportler des Jahres der Bundesrepublik gewählt wurde.

1964 in Innsbruck knüpfte er mit dem Gewinn der Bronzemedaille an seinen Erfolg an. Zwei Jahre später rundete er seine beispiellose Serie mit dem Gewinn der Weltmeisterschaften in Oslo ab.

Damit nicht genug: Georg Thoma, dessen Fans ihn bis heute liebevoll „Jörgle" nennen, war häufig Sieger der legendären Wettkämpfe am Holmenkollen bei Oslo.

Sein 60. Geburtstag ist nicht nur Anlaß, ihm im Namen der gesamten Landesregierung herzlich zu gratulieren. Wir wollen uns auch an seine herausragenden sportlichen Leistungen erinnern und ihm vor allem für seine tadellose Haltung als Mensch danken.

Die Traumkarriere des Georg Thoma, der es schaffte, vom Hütejungen auf dem „Wunderlehof" zum Weltklassesportler zu werden, hat ihn nicht nur zu einem unvergessenen Sportidol und Sympathieträger des deutschen Sports gemacht. Vielmehr ist Georg Thoma zu einem Vorbild für die Jugend geworden. Es ist ihm stets gelungen, die eigene Begeisterung für den Sport weiterzugeben. Nicht zuletzt sein Neffe Dieter Thoma, heute einer der besten Skispringer der Welt, zeigt, wie außergwöhnlich seine Fähigkeit zur Motivation ist. Sein Werben für den Sport war und ist beispielhaft.

Georg Thoma, der „Jörgle" aus Hinterzarten, fühlt sich seiner Heimat, dem Schwarzwald, tief verbunden. Sympathie und Dankbarkeit werden ihm aber nicht nur von seiner Umgebung, sondern auch von vielen Menschen über unsere Landesgrenzen hinweg entgegengebracht. Diese Wertschätzung ist die verdiente Anerkennung seiner sportlichen Erfolge, gründet sich aber auch in seinem humorvollen, aufgeschlossenen Wesen. Georg Thoma ist eine Persönlichkeit, die überall freudig begrüßt und gefeiert wird, als ob er den letzten Olympiasieg oder Weltmeistertitel gerade erst nach Hause gebracht hätte. Sportgrößen, die sich einer solchen Zuneigung erfreuen können, gibt es wenige. Georg Thoma zählt zu ihnen.

Ich wünsche Georg Thoma in enger persönlicher Verbundenheit für die kommenden Jahre von Herzen viel Glück, Gesundheit und Wohlergehen.

Erwin Teufel

Ministerpräsident des Landes Baden-Württemberg

Der Schwarzwald ist ein Markenzeichen

Hansjörg Eckert

Was den Schwarzwald so anziehend macht, läßt sich nicht alleine geografisch erklären. In dieser prachtvollen, urtümlichen Region liegen Schluchten und Wildbäche, dichte Wälder und weite Rebflächen so nahe wie nirgends beieinander. Der wechselvolle Charme der Schwarzwaldlandschaft zieht jeden in seinen Bann. Es reizt immer wieder, Neues zu entdecken oder Bekanntes weiter zu lieben. Landschaft, Natur, Klima, vor allem die Menschen mit ihrem Brauchtum, die hervorragende Hotellerie und Gastronomie und die regionalen Produkte sind es, die den Reichtum dieser Kulturlandschaft ausmachen. Der Schwarzwald ist eine Landschaft mit besonderer geografischer, topografischer und historischer Prägung. Mit einer unverwechselbaren natürlichen, kulturellen und sportlichen Vielfalt. Für die hier lebenden Menschen ein Lebens- und Wirtschaftsraum mit hohem Identifikationspotential und einem besonderen Image.

Die einst schwierigen Lebensverhältnisse haben sich aus der Tradition zum Fortschritt gewandelt. Elektrizität und Automobil, Radio und Freizeitsport, Massenproduktion und Massenkonsum begannen auch hier, das Leben zu bestimmen. Das alles drang freilich nur zögernd in die Heimat Georg Thomas, in den Hochschwarzwald nach Hinterzarten, vor. Lebte doch hier ein Menschenschlag, den vor gut 100 Jahren ein badisches Staatshandbuch folgendermaßen beschrieb: „Der Schwarzwälder ist ruhig, friedlich, arbeitsam, ausdauernd, genügsam, sparsam und ordnungsliebend, offen und treuherzig, gastfrei, mit natürlichem Verstande und gesunder Urteilskraft begabt, besonnen, allem eiteln Schein und Großtun abhold, in religiöser Beziehung fromm-gläubig".

Mit dem Bau der Höllentalbahn 1884/85 begann ein neues Zeitalter, das sich bereits 1857 mit dem Bau einer neuen Straße durch das Höllental angekündigt hatte. Die Höllentalbahn wurde damals als Lokalbahn für den Touristenverkehr und nicht als Durchgangsbahn gebaut. Sie brachte Hinterzarten eine Verdoppelung der Gäste-Übernachtungszahlen. Nur wenige Gäste kamen vorher in das stille Dorf. Mehr und mehr „Sommerfrischler", so nannte man damals die Kurgäste, kamen nun nach Hinterzarten. Insbesondere eine Steigerung von „Kranken-Luftkuren" wurde beobachtet. Ende des vorigen Jahrhunderts zählte man in Hinterzarten 119 Kurgäste, liebevoll „Luftschnapper" genannt. Durch den Bau der Höllentalbahn, dies war kein Zufall, öffneten auch neue Gasthöfe oder Hotels ihre Pforten. Damals nannte man das Gastgewerbe, das aus den Veränderungen der Lebensverhältnisse im Hochschwarzwald den größten Nutzen zog, noch „Beherbergungs- und Erquickungsgewerbe". Dieser Wandel war begleitet von einem Wandel der Lebensgefühle. Der Prozeß der Verstädterung brachte vielen Menschen den Wert von Natur, Landschaft und Erholung neu zum Bewußtsein. Bald mußte man an Feiertagen Sonderzüge einsetzen, um die große Zahl der Ausflügler zu befördern.

Zu den wichtigsten Daten der Geschichte des Fremdenverkehrs der Schwarzwaldregion zählt der 8. Juni 1864. In Freiburg konstituierte sich ein Verein mit dem umständlich klingenden Namen „Badischer Verein von Industriellen und Gastwirten zum Zweck, den Schwarzwald und seine angrenzenden Gegenden bekannt zu machen". Es war die Geburtsstunde des „Schwarzwaldvereins". Die Erschließung des Schwarzwaldes und gerade auch des Feldberggebietes durch den Bau und die Markierung von Wegen sowie die Herausgabe von Karten war ein unschätzbarer Entwicklungsdienst. Um die Jahrhundertwende entdeckte man auch die winterliche Berglandschaft. Die einsetzende Entwicklung wäre ohne die Verbreitung des Wintersports kaum möglich gewesen. Der Schwarzwald, die Wiege des deutschen Skisports, profitierte stark von dieser neuen Sportart. Der Wintersport und damit der Wintersporttourismus haben eine sehr große wirtschaftliche Bedeutung für die ganze Region.

Der Bekanntheitsgrad des Schwarzwaldes, und hier des „Heilklimatischen Kurortes Hinterzarten“, wurde mit der Hotellerie begründet und über die sportlichen Erfolge von Georg Thoma und nun auch durch seinen Neffen Dieter bis zum heutigen Tage fortgesetzt. Georg Thoma brachte dem Schwarzwald und seinem Heimatort eine unschätzbare Imagewerbung. Viele Feriengäste kamen und kommen wegen seines Namens hierher. Immer wieder ist er es, der in touristischen Gremien, durch seine Sportprogramme, durch Reportagen und Interviews, aber besonders durch seine sympathische menschliche Art die Gäste begeistert. Georg Thoma – ein Glücksfall für Hinterzarten und damit den gesamten Schwarzwald!

Persönlichkeiten sind Menschen,
die solche geblieben sind,
obwohl sie Karriere gemacht haben.

Gerhard Uhlenbruck

Mein Schwarzwald

Georg Thoma und Hans-Jürgen Truöl

Der Schwarzwald ist alles andere als eine schwarze Landschaft. Dieses südwestlichste deutsche Mittelgebirge fasziniert durch seinen Kontrastreichtum – schwarz wirkt er nur aus großer Entfernung oder dann, wenn kein Sonnenstrahl durch das Nadeldach dringt.

Die Jahreszeiten sorgen für Farbe: Der Schwarzwald ist ein Weißwald im Winter, ehe er mit der Schneeschmelze zum Braunwald wird und sich mit dem Erwachen der Natur in einen Gelb- und Grünwald verwandelt.

Im Hochsommer wirkt er als Blau- und Violettwald, um im Herbst stellenweise als Rot- und Lila- und Goldwald zu begeistern. Erst wenn in den tieferen Lagen die Blätter im Mischwald gefallen sind und auf den Höhen der erste Schnee liegenbleibt, wird er mit seinen skelettartigen Stämmen zum Schwarzwald. Sobald der Wald vom dichten Schneekleid bedeckt wird, ist der Schwarzwald wieder ein Weißwald – der Kreis hat sich geschlossen.

Wer den Schwarzwald nur mit Zahlen erfaßt, wird sein Wesen nicht erspüren. Doch um sich einen Eindruck zu verschaffen, taugt ein Blick auf Daten durchaus: Seine Grundfläche beträgt – zwischen dem Kraichgau und dem Hochrhein – imposante 400000 Hektar. Damit verzeichnet der Schwarzwald einen Superlativ: Er ist das größte zusammenhängende Waldgebiet in Deutschland – kein Wunder, daß ihm die Römer vor 2000 Jahren die kalte Schulter zeigten und ihre Zivilisation lieber im Markgräflerland oder am Kaiserstuhl Fuß fassen ließen. Kein Wunder auch, daß der „Black Forest" heutzutage in Amerika zum Inbegriff deutscher Natur geworden ist.

Soeben noch in der milden Rheinebene, dann auf dem stellenweise noch wild wirkenden Wald. Welch ein Kontrast. Unten fast mediterrane Leichtigkeit, oben Ernsthaftigkeit, die nur Außenstehende als Schwermut empfinden. Der Schwarzwälder ist kein Hinterwäldler, sondern stolz darauf, daß er ein „Wälder" ist. Das bedeutet: Er öffnet sich nicht so rasch dem Neuen, dem Fremden. Er verharrt und prüft, grübelt und wägt ab, ehe er sich verändert. Harte Schale, doch weicher Kern. Wie die Landschaft, so die Menschen. Wie die Natur der Berge und Wälder, der Moore und Seen, so die Natur der echten Wälder: tiefgründig, erdverbunden, heimatliebend.

So bleibt die Begegnung mit dem Schwarzwald kein kurzer Flirt, sondern weckt eine große Leidenschaft.

Wer sich in den Schwarzwald verliebt hat, wird ihm zeitlebens nicht mehr untreu. Auch deswegen trägt der Schwarzwald – trotz dunkler Tannenwälder, trotz melancholischer und herber Stimmungen – einen falschen Namen. Doch wer wüßte einen besseren?

Spiel des Lichts:
Der weltbekannte Titisee.

Wer in die Ferne sieht, erkennt das Naheliegende. Fernsichten, Weitsichten, Panoramablicke hat der Schwarzwald viele zu bieten. Wanderern wird das Herz weit, wenn sie aus der Rheinebene und der Vorbergzone auf die Aussichtsberge des Schwarzwalds gelangen. Am besten, noch vor Sonnenaufgang im Glottertal aufzubrechen, um auf den Kandel zu steigen. Wie erhellend, in der Morgendämmerung im Münstertal loszulaufen, den Belchengipfel im Blick: Schritt für Schritt und Atemzug für Atemzug Höhe und Licht gewinnen.

Besonders erhebend wirkt das weit hingezogene Feldbergmassiv als höchster Schwarzwaldberg, doch auch auf dem Belchen, dem mystischen Gipfel, dem Blauen und dem Kandel wird das Herz weit. Bei Inversion bieten diese Aussichtsberge grandiose Bilder. Kein Wunder: Im Rheintal ist an vielen Wintertagen mit der Sonne auch die Lebensfreude geschwunden, wenn die graue Nebeldecke die Gemüter schwer macht – doch oben „auf dem Wald" herrscht strahlende Stimmung. Und zwischen diesen beiden so unterschiedlichen Zuständen liegen gerade dreißig Autominuten oder eine Viertelstunde mit der Seilbahn von Freiburg-Günterstal auf den Schauinsland.

Weil der Schwarzwald nach Westen steil zur Rheinebene abfällt, wirkt der Höhenunterschied von tausend Metern sehr eindrucksvoll. Im Spätherbst und Winter ragen aus dem grauen Nebel die Gipfel des Kaiserstuhls wie bläuliche Zipfelmützen hervor, etwa achtzig Kilometer entfernt begrenzen die Vogesenhöhen mit dem Elsässer Belchen das Nebelmeer.

Von Höchenschwand, von der Hohen Möhr südlich von Zell im Wiesental oder vom Hochkopf nördlich von Todtmoos aus: Die Alpenkette mit Eiger, Mönch und Jungfrau scheint zum Greifen nahe zu sein, obwohl uns doch fast zweihundert Kilometer Luftlinie von den Schweizer Bergriesen trennen. Bei klarer Sicht ist auch der annähernd dreihundert Kilometer entfernte Mont Blanc weit im Südwesten auszumachen. Dann erklären die Einheimischen auf ihren Aussichtsbergen den Touristen die Namen der fernen Gipfel so stolz, als ob sie sie selbst erschaffen hätten.

Spuren im frühen Schnee:
Vom Stübenwasen schweift der Blick über Höhenzüge und das Nebelmeer bis hin zu den Alpen (linke Seite).

Eingebettet in die Landschaft:
Blick auf St. Märgen und die Türme der Kirche St. Maria mit ihren auffallenden Kuppelhelmen.

Ein Werk des Westwinds:
Blick zum Kandel von der mächtigen Seebuckwächte.

Obwohl der Feldberg mit 1493 Metern Meereshöhe alle anderen Schwarzwaldgipfel übertrumpft, wirkt er gar nicht so, als ob er seine Nachbarn in den Schatten stellen würde, denn als langgestreckter Gneisstock beeindruckt er mehr durch seine Gestalt als durch seine Höhe. Beim Blick vom Feldsee hinauf zur steilen Felswand oder von der Grafenmatte hinüber zur Südflanke des 1448 Meter hohen Seebucks zeigt der Feldberg freilich sein alpines Gesicht.

Das ganze Massiv ist von allen Berggebieten die touristisch am besten erschlossene Region des Hochschwarzwalds.

Die Natur zu erleben ist das Ziel vieler Menschen, und so hat der Feldberg-Ranger darauf zu achten, daß niemand vom rechten, vorgezeichneten Weg abkommt.

Trotz mancher Gefährdungen ist der Feldberg alles andere als ein verlorenes Naturparadies. Der Wanderer findet immer noch stille Wege, und der Naturfreund wird aufatmen und kann nachempfinden, warum der Feldberg als König der Wälder gerühmt wird. Den besten Blick schenkt uns der Seebuck beim Bismarckdenkmal, denn wir haben dort einen Rundblick in alle vier Himmelsrichtungen; gut sind die fünf Täler zu erkennen, die vom Plateau aus in die Tiefe zu fließen scheinen.

Still werden und schauen:
Der in Jahrtausenden flachgehobelte Feldbergrücken vor den viel jüngeren, wild aufgefalteten Alpen.

Reizvolle Landschaft: Durch das Weiden der Tiere wird sie offengehalten.

Farbenzauber: Naturschutzgebiet bei der Todtnauer Hütte (rechte Seite).

Mit 1415 Metern Meereshöhe kann es das Herzogenhorn beinahe mit dem Feldberg aufnehmen. Dem zweithöchsten Schwarzwaldgipfel sind an seiner Nordflanke die besten Abfahrten Deutschlands außerhalb der Alpen vorgelagert: Fahler Loch und Ahornbühl sind gute Adressen für Skifans.

Wer im Sommer und Herbst das Herzogenhorn erwandert, kann den Schwarzwald in seiner schönsten Art genießen: Heidelbeersträucher, vom Wind zerzauste Fichten und Tannen, reine Luft, klare Sicht und ein imposanter Weitblick.

Eher sanft fällt das Herzogenhorn nach Süden in die Bernauer Bilderbuchlandschaft ab. Während Hinterzarten mit Georg Thoma verknüpft ist, hat in Bernau Hans Thoma seine Spuren hinterlassen: der eine als Sportler des 20. Jahrhunderts, der andere als Maler des 19. Jahrhunderts. Geprägt von Heimatliebe und Naturverbundenheit sind beide.

Am Feldberg schlug die Geburtsstunde des alpinen Skilaufs in Deutschland. Auf dem Thurner, einem Bergsattel östlich von St. Märgen, gelang dem Langlauf der Durchbruch zum Breitensport. Dies hängt mit der Thurnerloipe zusammen, die sich – vorbildlich angelegt und gespurt – im Laufe weniger Jahre zu einer Art Mekka für Langläufer entwickelte.

Ihr Ausgangspunkt liegt in 1034 Meter Meereshöhe. Vom Thurner steigt die Doppelspur leicht an bis zur Weißtannenhöhe (1190 Meter), um dann durch dichte Wälder und über weite Panoramahänge diesen Teil des mittleren Schwarzwaldes zu erschließen.

Doch Thurner und Weißtannenhöhe sind wie das ganze Gebiet nördlich des Höllentals und südlich der Panoramastraße (Waldkirch – St. Peter – St. Märgen – Hinterzarten) nicht nur in der weißen Jahreszeit von besonderer Anziehungskraft, sondern eignen sich auch im Sommer zur Abkühlung von der schwülen Rheinebene und im Herbst für aussichtsreiche Wanderungen. Wer vor der Rankmühle bei St. Märgen steht und die Blicke nach Süden zum Feldberg, Stübenwasen und Schauinsland schweifen läßt, der weiß, warum die Liedzeile aus dem 19. Jahrhundert „O Schwarzwald, o Heimat, wie bist du so schön“ an Aktualität nichts eingebüßt hat und zugleich eine Verpflichtung darstellt, mit der Natur behutsam umzugehen.

Mein Wunschbild vom Winter:
Breitnauer Höfe vor
der Kulisse des Feldbergs.

Kleinod Lindenberg:
Die Wallfahrtskirche,
erbaut zu Ehren Mariens,
die nach der Legende
einem Hirtenbub erschien.

Über dem Höllental:
Blick vom Hinterwaldkopf über das Dreisamtal zum Kaiserstuhl.

Vom Hotzenwald aus gesehen, scheinen bei Föhn die Schweizer Alpen zum Greifen nahe zu liegen, und dort, am Südabfall des Schwarzwaldes, fühlt man sich auch dem Himmel näher als anderswo. Angesichts der Weite der freien Hochflächen kann man leicht den unbändigen Freiheitswillen der Hotzenwälder verstehen. Dort oben empfindet der Naturfreund keine Bedrängnis in dichten Wäldern, keine Einengung durch schroffe Schluchten. Wirtschaftlich zählt der Hotzenwald zu den ärmsten Landesteilen – landschaftlich gehört er zu den reichsten, reizvollsten. Wie berauschend ist es, die Panoramastraße bei Höchenschwand – die diesen Namen zu Recht trägt – entlangzufahren und die Weitblicke nach Süden – das Alpen-Dreigestirn Eiger, Mönch, Jungfrau inklusive – zu genießen. Und der Gugelturm bei Herrischried ist einer der schönsten Aussichtspunkte im ganzen Schwarzwald.

Sonnenzauber:
Am „Südufer" des Schwarzwalds.

Reif-Silhouetten:
Schauinsland-Halde.

Freiburg trägt seinen Beinamen „Schwarzwaldhauptstadt" zu Recht. Dies unterstreicht der Schauinsland, denn dieser Aussichtsberg liegt auf Freiburger Gemarkung – so ist Freiburg die einzige deutsche Großstadt mit einem Höhenunterschied von tausend Metern.

Auch das Freiburger Münster mit seinem filigranen Turm ist dem Schauinsland zu verdanken. Der Berg hieß im Mittelalter „Erzkasten": Bergleute förderten unter unvorstellbaren Mühen Edelmetall aus seinem Inneren. Mit dem Silber bezahlten die Freiburger Bürger ihr Münster – und weil die Bergleute für die Abstützung der Stollen Grubenholz benötigten, wurde die Bergkuppe weitgehend kahlgeschlagen. Erst dadurch wurde der Gipfel zum „Schau ins Land". Vom Aussichtsturm gibt's 360 Grad optischen Genuß: Kandelmassiv im Nordosten, Feldbergregion im Südosten, Belchenbuckel im Süden und Blauen im Südwesten, dahinter die Kette der Schweizer Alpen, im Westen die Weinberge von Tuniberg und Kaiserstuhl, dahinter, bläulich schimmernd, die Vogesen.

Daß der Westabfall des Schwarzwalds im Wind liegt, wird besonders eindrucksvoll zwischen Gießhübel und Kammstraße an der Halde sichtbar: Die knorrigen Wetterbuchen zeigen uns, daß man Stürmen manchmal besser durch Nachgeben als durch Starrheit trotzen kann. Der Wind braust seit Jahr und Tag von Westen – ihre Äste biegen sich nach Osten und sichern so das Überleben.

In jeder Jahreszeit den Windbuchen begegnen heißt eine reiche Fülle von Formen und Gestalten entdecken.

An „beseelten" Plätzen dieser Art ist der Schwarzwald reich. Und jeder, der mit offenen Sinnen diese Landschaft erwandert und ihre eigene Art erlebt, wird von ihr ergriffen.

Vom Wind gezeichnet:
Die knorrigen Buchen
des Schauinslands.

Dächer, die Schutz bieten:
Bauernhöfe im Jostal.

Tiefe Schluchten:
Im Höllental überquert die Schwarzwaldbahn die Ravennaschlucht über einen Viadukt (rechte Seite).

Himmel und Hölle, genauer: Himmelreich und Höllental, sind im Schwarzwald nicht durch Welten getrennt. Wer in früheren Jahrhunderten den Schwarzwald durch- und überqueren wollte, stand vor unüberwindbaren Naturhindernissen: schroffe Felswände, dichte Wälder. Selbst die Römer, jene Meister des Straßenbaus, mieden den Schwarzwald, wo sie konnten.

Himmelreich und Höllental liegen dicht beisammen – und gehen ineinander über. Diese beiden Orte sind wie zwei Seiten einer Medaille und undenkbar ohne ihren Widerpart. Der Schwarzwald – eine Metapher für menschliche Lebensläufe, Hoffnungen und Ängste?

Das Leben in den engen Tälern führt sicherlich zu anderen Sichtweisen, Anschauungen und Sehnsüchten als das Leben auf den lichten Höhen.

Andererseits siedelten sich Handwerker, Tüftler und Industrielle zuerst in den Tälern an – wegen der Energie- und Transportmöglichkeiten. Leben muß auch erschlossen werden.

Der Wald dringt vor:
Das Bärental.

Offene Hänge:
Das Wiesental –
vom Belchen beherrscht.

Heimelige Gastlichkeit:
Schwarzwälder Lebensqualität.

Zwei Wahrzeichen meines Heimatortes:
„Maria in der Zarten“ und die Adlerschanze in Hinterzarten (rechte Seite).

Hinterzarten hat Stil. Der heilklimatische Luftkurort zählt zu den internationalen Aushängeschildern des Schwarzwalds. Auf diesen familienfreundlichen Ferienort trifft der Begriff „Sommerfrische“ richtig zu: ein frischer Wind läßt in tausend Meter Höhe keine Schwüle aufkommen, das gastronomische Angebot wird jedem Geschmack gerecht. Direkt von der Ortsmitte aus kann man spazierengehen oder loswandern. Wer's zünftig mag, erwandert über den Hans-Thoma-Weg den Feldberg. Und wer die typische Pflanzenwelt des Hochschwarzwalds kennenlernen will, folgt dem Heimatlehrpfad im Hinterzartener Hochmoor.

Von dort aus liegt die Sprungschanze im Blick, auf der viele Schwarzwälder „Adler“ ihre Flugkünste gelernt und ihren Wagemut bewiesen haben. Das Winterangebot von Hinterzarten ist im Schwarzwald einzigartig: Loipen, Lifte, Schlittenfahrten, gebahnte Wanderwege, Eislaufen auf dem nahen Titisee – und anschließend Auftauen in einem gemütlichen Gasthof oder in einer ersten Adresse für Feinschmecker.

Ein Höhepunkt barocker Kunst:
St. Peter.

Triumph der Gotik:
Das Freiburger Münster
(rechte Seite).

Pilgerstätten für die Kunstfreunde sind St. Peter und St. Märgen. St. Peters herrliche Kirche, bis 1727 von Peter Thumb erbaut, ist die großartigste Barockanlage zwischen Rhein, Neckar und Bodensee. Wenzingers Rokokofiguren, Feuchtmayrs Hochaltar, vor allem aber die berühmte Klosterbibliothek sind die Anziehungspunkte. Alljährlich ziehen beim Patroziniumsfest die jungen Mädchen mit ihrer glitzernden „Schäppelkrone“ die Blicke auf sich.

Das Nachbarkloster St. Märgen geht weit in das Mittelalter zurück. Die Erschließung des Schwarzwalds erhielt nach der Jahrtausendwende die wichtigsten Impulse durch kirchliche Pioniere – St. Blasien mit seiner gewaltigen Kuppel, St. Trudpert im Münstertal und die Klosterkapelle im stillen Tennenbacher Tal zwischen Emmendingen, Sexau und Freiamt sind weitere Belege.

Erhalten von der Barockanlage von St. Märgen sind nach einem Großbrand nur die beiden Zwiebeltürme. Wer oberhalb des Kurorts auf einer Wiese sitzt, den Blick über den Ort hinüber zum Feldberg schweifen läßt, versteht, warum die Mönche sich hier niederließen.

Ganz anders, aber immer noch gemütvoll geht es in Freiburg zu, neben Karlsruhe die einzige Großstadt am Schwarzwald. Freiburg eine Großstadt? Eher doch ein Großstädtle – ganz groß allerdings mit seinem südländischen Flair, den Bächle und Gäßle, seinem Münster mit dem „schönsten Turm der Christenheit“, umgeben von einem farbenfrohen Markt. Daß viele Freiburger ein sonniges Gemüt haben, wird auch an aktuellen Bemühungen deutlich: Freiburg will sich als Solarstadt und Umweltzentrum profilieren. Freiburg als Bischofssitz und Stadt mit alter Tradition ist zugleich geprägt durch ein buntes studentisches Leben. Eine Lebensqualität, die jung und alt anzieht.

Inbegriff der Geborgenheit:
Der Zipfelhof im Bärental.

Oben auf dem Wald ist das Wetter noch spürbar und nicht vollklimatisiert. Die Jahreszeiten verdienen ihren Namen. Trotz Zivilisation, trotz aller Zähmung ist der ursprüngliche Charakter des Schwarzwalds erhalten, der Mensch muß sich den gegebenen Verhältnissen anpassen – als Tourist und Wanderer oder für das ganze Leben.

Die Menschen im Schwarzwald, die „Wälder", kennen auch die Schattenseiten des Daseins. Als der Schwarzwald vor 1000 Jahren besiedelt wurde, begann diese Entwicklung, Mönche und weltliche Herrschaften tasteten sich von Osten, von der Baar her, ins wilde Waldgebirge vor. Wer auf dem Wald siedeln will, braucht ein Dach über dem Kopf, das Sturm, Regen und Schnee standhält.

Selbstversorgung unter einem tief herabgezogenen Schindeldach, geschützt vor dem rauhen Wetter: So entstand die charakteristische Form der Schwarzwälder Bauernhäuser und das Nebeneinander von Mensch und Tier im Inneren. Wohn-, Schlaf- und Eßräume liegen direkt bei den Ställen, den Vorrats- und Wirtschaftsräumen. Besonders typische, wie gewachsen wirkende Höfe finden sich im Gutach- und Jostal, im Elz- und Simonswäldertal, um Schönau und Bernau im südlichen Schwarzwald. Je einsamer, desto autarker.

Zum traditionellen Schwarzwaldhof, dem Eindachhaus mit dem heruntergezogenen Dach, gehörten ein Backhaus und ein Speicher, vielleicht eine Mühle und eine Säge, eine Hanfreibe und ein Bienenhaus und beim „Käppelebur" eine Kapelle mit einem kleinen Dachreiter.

Die Schwarzwälder waren in langen, entbehrungsreichen Jahrhunderten auf sich selbst angewiesen, auf ihre Zähigkeit, ihr Durchhaltevermögen und ihre Zielstrebigkeit, auf ihre Findigkeit und Anpassungsfähigkeit. Wie ihre Häuser wirken sie in sich gekehrt und möchten sich normalerweise nicht zur Schau stellen.

Diese Einschätzung bleibt bestehen, auch wenn der Bollenhut, das Symbol der Heimatwerbung, den Schwarzwald bekannt gemacht hat wie kaum eine andere Landschaft Deutschlands.

Zeuge der Vergangenheit:
Jahrhundertealter Hof
in Präg.

Bauernstube:
Im Mittelpunkt
der Kachelofen.

In klirrender Kälte:
Hof auf dem
Schauinsland
(rechte Seite).

Wasser ist Leben. Schwarzwaldgewässer sind erlebbar. Je nach Jahreszeit spiegeln die Bäche, Flüsse und Bergseen ganz unterschiedliche Stimmungen wieder.

Der größte Schwarzwaldsee ist der Schluchsee. Er wirkt wie ein natürlicher See und ist doch ein Kunstprodukt. Seine jetzige Gestalt verdankt er einer 30 Meter hohen Staumauer, durch die die Fläche des einstigen Gletschersees verfünffacht wurde. Der Schluchsee liegt 951 Meter hoch, und von dort schießen die Wassermassen 620 Meter hinunter bis zum Hochrhein bei Waldshut: Strom aus Wasserkraft – ein reines Naturprodukt. Der Schluchsee ist aber nicht nur ein Energiespeicher, sondern das beste Schwarzwaldrevier für Segler und Surfer. Die Wassersportler können sich auf fünf Quadratkilometern entfalten – bunte Segel vor der malerischen Wald- und Berglandschaft des Hochschwarzwalds – ein bezauberndes, heiteres Bild.

Wie der „alte“ Schluchsee entstand auch der Titisee in der jüngsten Eiszeit. Der ein Quadratkilometer große See wird vom Seebach aus dem Feldberggebiet gespeist. Er ist der touristische Hauptanziehungspunkt des Schwarzwalds in der warmen Jahreszeit.

Wie idyllisch sich der Titisee in das Gletscherbett schmiegt, kann auf besonders angenehme Art bei einer Wanderung auf dem Seerundweg erkundet werden. Den schönsten Blick auf das Gewässer, über den weiße Schiffe, Segel-, Ruder- und Tretboote ihre Bahnen ziehen, hat man oberhalb seiner Südostseite oder vom Gipfel des 1190 Meter hohen Hochfirsts.

Wer an den Wochenenden der Hauptsaison durch den Ort Titisee bummelt, erlebt ein buntes Treiben. Am Nordufer des Sees sind touristische Angebote in Hülle und Fülle zu finden – und kaum ein amerikanischer oder japanischer Gast, der nicht damit liebäugelt, eine Kuckucksuhr als Souvenir zu erwerben.

Der kleinste, aber feinste See dieses Trios heißt Windgfällweiher und liegt etwas versteckt zwischen seinen beiden größeren Brüdern. Ganz still, wirklich romantisch. Natur zum Ein- und Ausatmen. Welch eine Entspannung, am Ufer des Windgfällweihers zu rasten; zu betrachten, wie Wald und Himmel sich im See spiegeln und die Wolke zur Welle wird. Die Ruhe spricht für sich, die Stille gibt Kraft.

Kraftvoll in ganz anderem, in bewegtem Sinne sind die Wasserfälle des Schwarzwalds. Die Triberger Wasserfälle, gespeist von der Gutach, sind mit einer Gesamthöhe von 162 Metern Deutschlands längstes Wasserschauspiel – besonders anziehend wegen ihrer Einbettung in die Waldlandschaft des mittleren Schwarzwalds.

Nicht ganz so imposant, aber weit ursprünglicher wirken die Zweribachfälle – im Bannwald zwischen dem stillen Plattensee und dem reizvollen Simonswäldertal gelegen. Die Zweribachfälle schießen über eine Felsnase im unberührten Wald. Ist der Wasserfall im Winter gefroren, zeigt er sich als erstarrtes, märchenhaftes Fantasiegebilde – die Natur als Bildhauer.

Äußerst eindrucksvoll wirken die Todtnauer Wasserfälle. Fast 100 Meter stürzen die Wassermassen in die Tiefe – ein grandioses Naturereignis am Südhang des Todtnauberger Gletschertales. Über Holzstege steigt man von der Autostraße bergauf und erlebt das tosende Wasser in seinem Element.

Spiel mit den Wolken:
Farbpalette des
Windgfällweihers.

Naturschauspiel im kleinen:
Die klaren Bergbäche des
Schwarzwalds (linke Seite).

Wasserperlen:
Filigraner Schmuck des Ahornblatts.

Tagesanbruch:
Frühes Licht im Fichtenwald (rechte Seite).

Jenseits aller wirtschaftlichen und wissenschaftlichen Betrachtungsweise ist der Schwarzwald ein Mythos geblieben. Ja, unsere ausländischen Freunde glauben erkannt zu haben, daß der Black Forest, der Forêt-Noire, unser typisches Wesen, die deutsche Seele, widerspiegelt.

Fast dreitausend Kilometer Wanderwege haben die ehrenamtlichen Mitglieder des Schwarzwaldvereins markiert. Damit ist Deutschlands südlichstes Mittelgebirge eine der großen Wanderregionen Europas – die Infrastruktur ist perfekt. Wenn an manchen Wochenenden auf dem Feldberg, Schauinsland, Stübenwasen, Belchen, Blauen und Kandel, am Mummelsee, Titisee und Schluchsee, in der Wutach- und Gauchachschlucht großer Andrang herrscht, kann sich der Naturfreund und beschauliche Genießer den stillen Naturschönheiten zuwenden – die Möglichkeiten sind fast grenzenlos.

Auch auf den Schwarzwaldgipfeln bildeten sich Gletscher, die ihre Zungen bis weit in die Täler hinabschoben und den Boden glatthobelten. So entstand das Bild der Berge und Täler, der Höhen und Schluchten, wie wir es kennen und bis heute lieben. Ein Anblick voller Harmonie, an dem man sich kaum sattsehen kann, in einer Zeitspanne erwachsen, angesichts deren die menschliche Existenz wie ein Wimpernschlag wirkt – ein Grund mehr, bescheiden zu sein und sich bewußt zu werden, was unsere Natur uns wert sein muß.

Auf einer Wanderung von der Rheinebene über die Vorbergzone bis zu den Hochmooren und Schwarzwaldgipfeln können wir in nur wenigen Kilometern Luftlinie einen Großteil der Pflanzenwelt Europas kennenlernen, wie sie sich zwischen den Mittelmeerküsten und der arktischen Tundra entwickelt hat. Kontraste zum Genießen: Orchideen auf dem Schönberg am Fuß des Schwarzwaldes, eine Art Indian-summer-Stimmung im Herbst, gelber Enzian und Krüppelkiefer jenseits der 1000-Meter-Höhenlinie.

Steinerne Wand:
Kulisse im Feldseekar (linke Seite).

Abwärts zur Wutachschlucht:
Die Lotenbachklamm.

Aus der Blütenfülle des Schwarzwalds:
Glockenblume auf subalpiner Feldbergwiese,
Wollgras und Schachtelhalm,
Pfauenaugen im Fuchskreuzkraut,
Schafgarbe mit Alpendost.

Der rote Bollenhut ist ebenso wie die Kirschtorte zum weltberühmten Markenzeichen des Schwarzwalds geworden. Er wird seit Jahrhunderten in Gutach, Kirnbach und Reichenbach getragen und repräsentiert das Traditionsbewußtsein und die Brauchtumspflege im Schwarzwald allgemein. Frauen in ihrer Gutacher Tracht ziehen einen roten Unterrock und ein samtenes Mieder, das „Libli", an, darüber den schwarzen „Wifelrock" und die schwarze Seidenschürze. Über dem „Libli" wird ein weißes Leinenhemd mit Puffärmeln und eine schwarze Seidenjacke getragen. Als Halsschmuck dient das mit farbigen Bändern verzierte „Goller" – auf dem Kopf sitzt das „Käpple", eine schwarzseidene Haube mit steifem Spitzenschleier. Den besonderen Pfiff erhielt die Gutacher Tracht um 1800: Da entstand der Hut mit 14 aus Wolle hergestellten Bollen als Krönung. Und damit die Mannsbilder auf den ersten Blick erkennen konnten, ob die Frau ihrer Wahl noch zu haben war, erfanden die Gutacher ein Farbenspiel: rote Bollen bedeuten unverheiratet, schwarze Bollen bedeuten schon unter der Haube.

Zwischen Kaiserstuhl und Baar gibt es viele weitere Trachten, die genauso ansehnlich sind – die Markgräfler Tracht beispielsweise oder die Schäppelkronen aus dem Glottertal und St. Peter. Doch international berühmt ist der Bollenhut geworden.

Fünf Jahreszeiten gibt es im Schwarzwald. Zu Frühling, Sommer, Herbst und Winter kommt die Fasnet, und für manche Alemannen ist sie die wichtigste Zeit des Jahres. „'s goht degege" heißt es beim alljährlichen Mummenschanz, der seine Wurzeln in heidnischer Vorzeit hat.

Heute mehr denn je achten die Zunftmeister der schwäbisch-alemannischen Fasnet mit großer Ernsthaftigkeit auf die Bewahrung dieses Brauchtums. Höhepunkte sind die Umzüge der Narrenzünfte. Besonders spektakulär und dämonisch: die Elzacher Schuttigumzüge. Niemand weiß, wer sich hinter dem Häs und unter der Holzmaske mit dem Schneckenputz verbirgt – und so springen die Schuttige durch die Straßen, schlagen mit der Saublodere auf die Köpfe, zwicken und entführen die Maidli, lassen die Rätschen knarren und die Fackeln kreisen. In allen (katholischen) Schwarzwaldorten spukt es während der Fasnet.

Hunderte von Gschellnarren bringen beim Rottweiler Narrensprung die alte Reichsstadt in Bewegung. In Villingen starren majestätisch und geschlechtslos wirkende Narrolarven und verzerrt blickende Surhebel (Sauerteiggesichter) in die Menge, unaufhörlich klingeln die bronzenen Schellen beim elegant-gemessenen Tanzschritt und bleiben im Ohr. In Waldkirch und Offenburg lassen die Hexen bei ihrem spektakulären Feuertanz nichts anbrennen: Mit Schwung treiben sie den Winter und manchem Zeitgenossen die Flausen aus.

Kaum ist die Fasnet am Zischdig beerdigt (besonders schauerlich: Endingen) oder verbrannt (besonders feurig: Staufen), bereiten sich die Narren auf ihre nächste fünfte Jahreszeit vor: 's goht degege.

So ist die Fasnet, die im Schwarzwald lebendig geblieben ist, Ausdruck von Heimatliebe, Gemeinschaftsgefühl und eines ganz speziellen Patriotismus.

Meine Tagesläufe:
Auf dem Rad – zu Fuß bergan –
gemütlicher Abschluß.

Worin liegt das Geheimnis des Schwarzwalds? Warum fühlen wir uns beim Gang über weiches Moos federleicht und froh gestimmt? Wieso inspiriert uns der Blick hinauf zu den Lichtinseln zwischen den Baumriesen? Wieso empfinden wir uns mit uns selbst im reinen, wenn wir mit den Langlaufskiern in der Loipe gleichmäßig dahingleiten oder mit dem Fahrrad auf Tour gehen und unseren Körper, unseren Herzschlag spüren? Aus welchem Grund wächst unser Glücksgefühl ins Unendliche, wenn die ersten Sonnenstrahlen auf den Bergen unsere erstarrte Haut kitzeln und unsere Sinne wecken? Welche Freude, sich von der frischen Brise auf dem Schluchsee beleben und bewegen zu lassen: der Schwarzwald, ein einziges tiefes Erlebnis voller Naturkraft.

Sich niederlassen, sich Zeit nehmen, hierbleiben und zur inneren Ruhe kommen. Den Schwarzwald atmen, riechen, sehen, tasten, fühlen.

Von den Wäldern im Schwarzwald

Erwin Lauterwasser

„In den Wäldern sind Dinge, über die nachzudenken man jahrelang im Moos liegen könnte."

Diesen Satz von Franz Kafka kannte Georg Thoma sicher nicht, aber als Hirtenbub hatte er die Zeit dazu, und er nutzte sie. Der Wald, der die Weidefelder einrahmte, war seine Erlebniswelt. In ihm spielten sich die Geschichten ab, die er gelesen hatte oder die er ersann. Der Wald war auch sein erster Arbeitsplatz, wenn er beim Holzhauen mithalf oder die Ochsen führte, die die Baumstämme aus den Beständen zogen. Beeren und Pilze, die er sammelte, besserten sein schmales Taschengeld auf. Die Härte der Tätigkeit nahm ihm die Freude nicht, Forstwirt zu werden. Beim Förster Hercher im Bistenwald ging er in die Lehre und erlebte in der kurzen Zeit, bis man ihn zur Post lockte, den Umbruch in der Arbeit im Wald, der den Menschen vieles gab, aber nichts schenkte. Die mühsame Handarbeit, mit der den Wäldern alles abgerungen werden mußte, wurde durch Motorsägen und Traktoren erleichtert; eine neue Seite der Waldgeschichte wurde aufgeschlagen.

Am Rande des Weidefeldes, auf dem er die Kühe hütete, stand eine mächtige Tanne. In ihrem Schatten lag Georg Thoma am liebsten, wenn er frei hatte oder die Kühe ruhig grasten. Die Tanne hatte während dieser Zeit des Wandels nur wenige Jahrringe zugelegt. An ihr waren über 250 Jahre vorübergegangen, und sie war erst der vierte Baum in der Generationenfolge seit dem Jahr 1000 n. Chr. – seitdem der Mensch das Gesicht des Schwarzwaldes veränderte. Das Staunen über diese gewaltigen Lebensspannen hat Georg Thoma nie verloren, und sein Wunsch, mehr über die Heimat und ihre Wälder zu wissen, hat ihn nie verlassen. Er hat gelernt, daß die Umwelt nur versteht und achtet, wer die Zusammenhänge kennt und zu Bewahrendes und Neuzuschaffendes unterscheiden kann.

Entstehung

Wer von der Schönheit des Schwarzwaldes spricht, denkt oft zuerst an das Gebirge, das viele Besucher erleben, wenn sie mit dem Zug oder mit dem Auto durch das Rheintal fahren und bei der Durchreise über eine Strecke von mehr als 130 Kilometern von Pforzheim bis Basel von der gewaltigen Kulisse begleitet werden, die vom Talgrund über 1000 Meter aufsteigt.

Sie sehen den Reichtum seiner Landschaften und sicher nicht zuletzt die ausgedehnten Waldungen, die dem Gebirge seinen Namen gegeben haben, den „schwarzen Wald". Wie wir aus dem Urkundenbuch des Klosters St. Gallen wissen, trägt er den Namen „Saltus Svarzwald" seit dem 9. Jahrhundert, damals erst begann seine Besiedelung.

Erdgeschichtlich zählt der Schwarzwald zu den ältesten Gebirgen Europas. Seinen Ursprung hat er in der Gebirgsauffaltung vor etwa 600 Millionen Jahren, die von Frankreich bis weit in den Osten Süddeutschlands reichte. Abtragungen und mächtige Auflagerungen durch Meeressedimente veränderten dieses Gebirge vielfach, bis nach Aufwölbung oder Verschiebungen der Erdkruste vor etwa 50 Millionen Jahren der Oberrheingraben zwischen den Vogesen und dem Schwarzwald dramatisch einbrach und aus dem bis dahin geschlossenen Gebirgsstock die beiden Schwestergebirge entstehen ließ.

Die Gesteine erzählen uns diese Geschichte. Den Grundstock des Schwarzwaldes bilden die Granite, mehr noch die aus ihnen durch Umschmelzung entstandenen Gneise. Die daraus gebildeten Berge erkennt man an ihren runden Formen. Liegt darüber, vor allem im Ost- und im Nordschwarzwald, der Buntsandstein, der fast allein von den ursprünglichen vielfältigen Überdeckungen übriggeblieben ist, so prägt er mit nahezu ebenen Hochflächen die Berghöhen oder bestimmt mit einer großflächigen Platte, die von Flußtälern durchzogen ist, den sanften Übergang des östlichen Schwarzwaldes in das Schichtstufenland der Schwäbischen Alb.

Den letzten großen Schliff im wahren Sinne des Wortes gab die Eiszeit dem Schwarzwald, die nach zwei Millionen Jahren erst vor 10000 Jahren zu Ende ging. Große Gletscherzungen erstreckten sich vom Feldberg nach Norden und Süden, hobelten die Gipfel rund und weiteten die Täler, die dann von den Flüssen tiefer eingefräst wurden.

Zwischen dem Rheintal und dem Hauptgebirge erstrecken sich von Bad Säckingen bis Pforzheim die Vorberge, die häufig von abgestürzten Resten des Deckgebirges gebildet werden, deshalb Buntsandsteine, Muschelkalk und Keuper aufweisen und zum Teil noch mit Löß, einstmals angewehtem feinstem Sand, aufgewertet sind.

Die Eiszeit hinterließ ein vegetationsarmes Gebirge, in dem sich seit 12000 vor Christus auf den schnee- und eisfrei werdenden Flächen zunächst Straucharten ansiedelten und eine Tundra bildeten, wie wir sie heute im hohen Norden Europas kennen.

Wie es mit der Bewaldung weiterging, können wir aus den Schichten der Hochmoore ablesen, in denen sich die Pollen der Bäume ansammelten und sich unter Luftabschluß bis heute zeitlich wohlgeordnet erhielten. So wissen wir, daß zunächst Birke und Kiefer kamen, der Haselnuß folgten Eichenmischwälder, die sich mit Ulmen, Linden und Eschen anreicherten, schließlich setzten sich mit dem um 4000 v. Chr. feuchter werdenden Klima Buche und Tanne durch. Sie behielten in den mittleren und höheren Schwarzwaldlagen die Vorherrschaft, bis der Mensch ab 1000 n. Chr. massiv in die Wälder einzugreifen begann. Die Fichte, die heute überwiegt, spielte bis dahin eine sehr untergeordnete Rolle und besiedelte nur Moorränder und höchste Lagen. Insgesamt war der Schwarzwald ein fast undurchdringliches Waldgebirge.

Klima

Über den Wald kann man nicht berichten, ohne auf das Klima einzugehen. Wärme und Niederschläge sind neben dem Boden für das Gedeihen der Baumarten die entscheidenden Faktoren. So liebt die Eiche die Wärme des Weinbauklimas, während die Fichte am besten mit den geringeren Temperaturen und den großen Niederschlagsmengen im hohen Schwarzwald fertig wird. So vielfältig, wie seine Oberflächengestalt und die Geologie sind, so unterschiedlich sind die Klimadaten, die wesentlich von der Höhenlage bestimmt werden. Am kältesten ist es am Feldberg, wo die Jahresmitteltemperatur nur 3,2 °C beträgt; dem Rheintal zu steigt diese auf 8 °C bis 9 °C. In den Hochlagen des Schwarzwaldes liegen die Jahresniederschläge bei 2000 mm, in den Vorbergen fallen nur 1000 mm oder weniger.

Mit der Winterdauer verhält es sich entsprechend. Sie macht im Feldbergebiet über 170 Tage aus und erreicht in den Vorbergen nur 90 Tage. Wie sich die Klimaerwärmung weiter entwickelt, ist offen. Für den Schwarzwald wäre eine dauerhafte Schneearmut ein Verlust. Der Winter, der bis vor 100 Jahren für die Gebirgsbewohner große Lasten mit sich gebracht hatte, ist durch den Wintersport zu einer lebenswerteren Jahreszeit geworden.

Die Wachstumszeit ist in den unteren Schwarzwaldlagen viel länger. Im Frühjahr ist es eine Freude, zu erleben, wie die Blüte der Kirschbäume Tag für Tag vom Tal auf die Berge wandert und der grüne Schleier des ausbrechenden Laubs in den Wäldern den gleichen Weg nimmt wie eine Bildfolge in Zeitlupe.

Die Spanne der Vegetation reicht vom Mandelbaum bis zur Baumgrenze! Während der Feldberg subalpine Verhältnisse aufweist mit Klimadaten, die dem Nordkap nahe kommen, reifen nur wenige Kilometer Luftlinie entfernt die köstlichsten Weine – übrigens auf einem Holzgewächs, der Rebe. An Artenreichtum jeglicher Vegetation überbietet kein anderes deutsches Mittelgebirge den Schwarzwald.

Besiedelung

Die Besiedelung erfolgte spät. Kelten wie Römer, die sich rings um den Schwarzwald niedergelassen hatten, vermieden es, dauerhafter in ihn einzudringen. Zeugnisse von Rodungen aus dieser Zeit finden sich so nur in Randbereichen. Die Römer taten sich auch mit der Überquerung des Schwarzwaldes schwer. Für die Verbindung ihrer Siedlungen im Rheintal mit denen an der Donau gab es letztlich nur die wichtige Querspange von Offenburg durch das Kinzigtal nach Rottweil. Die Landschaft war ihnen zu wild, das Klima zu rauh, wobei sie wohl weniger mit dem Gebirge ihre Probleme hatten als vielmehr mit dem Wald, der ihnen in seiner Geschlossenheit unheimlich sein mußte. Schließlich hatten sie auch bittere Erfahrungen, man denke an Varus, der im Teutoburger Wald von Arminius dem Cherusker vernichtend geschlagen worden war.

Die Besiedelung des Schwarzwaldes ging von Klöstern aus, so besonders von St. Blasien und Hirsau. Sie legten an für die Landwirtschaft geeigneten Plätzen in der „Waldwildnis“ Mönchs- oder Bruderhöfe an, die ursprünglich von Brüdern bewirtschaftet wurden, später in Erblehen und danach auch in das Eigentum von Siedlern gegeben wurden. Die Bauern bekamen im umliegenden Wald mannigfache Beholzungs- und Weiderechte. Im Mittelalter war fast nur der dem Wald abgerungene landwirtschaftliche Boden von Wert.

Raubbau und Waldzerstörung

Ab dem 16. Jahrhundert ging es aber an den eigentlichen Waldertrag, die Ausbeutung der Wälder begann. Sie mußten das Baumaterial für die Städte liefern. Holz war der wichtigste Energieträger, der in den Wohnhäusern, aber auch in den Bergwerken verwendet wurde, wo man vor der Erfindung des Pulvers nur mit der Hitze des Feuers die Felsen sprengen konnte. Wege und Straßen gab es kaum. So mußte man den Transport erleichtern, indem man das schwere Holz in unzähligen Meilern in die leichte Holzkohle umwandelte, um sie mit Eseln und Pferden über Saumpfade zu den Verbrauchern zu bringen. Wo größere Bäche vorhanden waren, entwickelte sich ab dem 15. Jahrhundert die Flößerei. Die eingeschlagenen Baumstämme ließ man zu Tal „schießen“, hierfür wurden auch kunstvolle „Riesen“, das waren regelrechte Bobbahnen, gebaut. Das Holz wurde an den Bächen, die man aufstaute, gesammelt und dann mit dem Wasserschwall nach Öffnung der Dämme zum Rhein hin geschwemmt. Spätestens dort, häufig schon auf dem Unterlauf der Flüsse, wie Enz, Murg und Kinzig, bündelte man es zu kunstvollen Flößen, die besonders nach dem 17. Jahrhundert nach Holland gebracht wurden, das zu einer bedeutenden Handels- und Seemacht geworden war und einen ungeheueren Bedarf an Holz für den Hafen- und Schiffsbau hatte.

Selbst für den Städtebau wurde Holz aus dem Schwarzwald benötigt. Auf dem moorigen Untergrund konnten Gebäude nur errichtet werden, indem Baumstämme in den Boden gerammt wurden, worauf man dann die Fundamente gründete. Ein gut Teil Rotterdams entstand damals auf Schwarzwaldtannen, die seitdem, wenn sie eine bestimmte Dimension erreichen, auch den Namen „Holländerstämme“ tragen.

Große Opfer verlangte die Glasherstellung dem Wald ab. Überall entstanden Ende des 16. Jahrhunderts Glashütten, deren letzte erst 1892 in Aeule bei Schluchsee geschlossen wurde. Holz wurde für den Schmelzofen benötigt, viel mehr aber noch für die Gewinnung der Pottasche, die für die Glasherstellung notwendig war. Dafür wurden riesige Mengen an Holz einfach verbrannt und aus der verbleibenden Asche die Pottasche herausgelaugt. Der Holzbedarf war also enorm, denn 100 bis 200 Festmeter wurden benötigt, um 100 kg Glas zu produzieren!

Ein weiteres, sehr begehrtes Produkt des Waldes war das Harz. Man gewann es, indem man die Rinde von Kiefern und Fichten mit trichterartig geführten Rissen verletzte und das Harz in Blechgefäßen auffing. Daraus wurden Schmiermittel und Farben gewonnen. Das Harzen war ein begehrter Zugewinn für die arme Bevölkerung, die es zunächst ungehemmt betreiben konnte. Da es aber zur Schädigung der Bäume führte, wurde es schließlich eingeschränkt und dann verboten.

Die Wälder wurden regelrecht ausgebeutet. Sie litten nicht nur darunter, daß man sie ihrer Produkte beraubte, sie mußten zudem zur Stützung der kärglichen Landwirtschaft herhalten. Dünger gab es keinen, die Böden des Gebirges sind arm an Nährstoffen und waren bald von der Beweidung und dem Ackerbau erschöpft. Die Bauern mußten das Vieh in die Wälder eintreiben, um ihm zusätzliche Pflanzennahrung zu verschaffen, und die Kühe und Ziegen fraßen auf, was sie nur finden konnten. Der Nachwuchs an jungen Bäumen blieb aus. Der Tritt der schweren Tiere verdichtete den Boden, und zu allem hin wurde das Laub aus den Beständen herausgerecht, um als Streu in den Ställen Verwendung zu finden; Stroh war zu wenig vorhanden. Mit dem Laub nahm man den Wäldern somit auch die eigenen Nährstoffe.

Diese verhängnisvolle Entwicklung entzog nicht nur dem Wald die Lebenskraft, sie nahm schließlich auch der notleidenden Gebirgsbevölkerung die Ernährungsgrundlage. Es ist vielen nicht bewußt, daß bis zum Ende des vergangenen Jahrhunderts viele Schwarzwälder nach Amerika auswandern mußten, weil sie nicht mehr ernährt werden konnten. Es hatte auch nichts genützt, daß der Wald weit zurückgedrängt worden war, um mehr landwirtschaftliche Flächen zu gewinnen.

Wiederaufforstung, Geburtsstunde der Nachhaltigkeit

Mit der Ausbeutung und Zurückdrängung der Wälder geriet die Ökologie der Landschaft völlig aus dem Gleichgewicht. Zu der Holznot und dem fehlenden Nachwuchs im Wald kam der Verlust seiner Schutzfunktionen. Rascher Abfluß der Niederschläge, Überschwemmungen, Rutschungen, Erosionen und Lawinen waren die Folgen. Klöster wie St. Blasien erließen die ersten Forstordnungen, und es wurde das Postulat der Nachhaltigkeit eingeführt. Es besagt, daß jede Generation der folgenden die gleichen Nutzungsmöglichkeiten belassen muß. Es durfte von nun an nicht mehr Holz eingeschlagen werden als wieder nachwächst. In der tiefsten Not der Wälder ist die fundamentalste Forderung der heutigen Umweltpolitik geboren worden, nämlich, daß jegliche Nutzung durch den Menschen auf ihre Dauerhaftigkeit ausgerichtet, womöglich nachhaltig sein muß!

Mit der Erschließung der Steinkohlelager, der Einführung des Kunstdüngers und der Entwicklung des Verkehrsnetzes bis zur Eisenbahn wurden die Wälder entlastet. Strenge Forstgesetze sorgten dafür, daß der Schwarzwald, der um 1800 in unglaublichem Maße devastiert war, wieder regeneriert werden konnte. Es ist eine Kulturleistung ersten Ranges, die Forstleute und Waldbesitzer zustande brachten. Die Waldungen, die wir heute erleben dürfen, haben Bestände abgelöst, die zerstört waren, oder sind auf Böden gewachsen, die durch menschliche Einflüsse schweren Schaden genommen hatten. Es gab waldbauliche Zwänge, und es zeigte sich, daß ein naturnaher Wald ein Ganzes ist, dessen Struktur nur über lange Zeiträume wiederhergestellt werden kann. Bei der Wiederaufforstung der Wälder erlag man auch dem Fortschrittsglauben, wenn man meinte, moderne landwirtschaftliche Ackerbaumethoden ebenso auf den Wald übertragen zu können, und Reinbestände begründete, ohne viel Rücksicht auf den Boden zu nehmen.

Kritiker lasten dieser Zeit den hohen Fichten- und Nadelholzanteil an, den man heute im Schwarzwald findet. 80% Nadelholz, bei dem zudem die Fichte überwiegt, stehen 20% Laubholz gegenüber. Vormals dominierte die Buche zusammen mit der Weißtanne. Beide sind aber empfindliche Baumarten, die leichter im Schutz von Altbeständen gedeihen als auf kahlen Flächen, die nach den Devastationen vorherrschten. Wer das mit der Fichte verbundene wirtschaftliche Denken verurteilt, vergißt diese Zusammenhänge und übersieht, daß unsere Vorfahren darauf bedacht waren, die Holznot so rasch wie möglich zu beenden und Vorsorge für die Nachfolgenden zu treffen. Dies bewährte sich bis nach dem Zweiten Weltkrieg, wo die Gemeinden und Bauern viele Investitionen aus dem Wald finanzieren konnten. Schließlich hatten sich auch die Siegermächte im Wald durch die sogenannten Reparationshiebe bedient.

Die Waldgeschichte liegt wie in einem aufgeschlagenen Buch vor einem, wenn man auf einem Berggipfel Rundschau hält und zu lesen beginnt. In den wildesten abgelegenen Berghängen sieht man die Relikte der ursprünglichen Wälder: laubholzreiche Mischbestände, die sich in ihren abgestuften Grüntönen deutlich von dem Uni der aufgeforsteten Fichtenreinbestände abheben. Die Stufigkeit und das vielgliedrige Kronendach von sehr ungleichaltrigen Weißtannenbeständen stechen ebenso heraus wie das lichte Grün der tiefer gelegenen Laubwälder. Alle haben ihre Eigenart und verdanken ihre Entstehung der jeweiligen Zeit, den Möglichkeiten, sie zu gestalten, und mehr noch spiegeln sie die Notwendigkeit, die die jeweilige wirtschaftliche Lage gebot. Wir können in fünf Jahrzehnten ohne Krieg und Notzeiten nur dankbar registrieren, daß wir wirtschaftlich abgesichert unsere Wälder konsequent naturnah zurückgestalten und wieder Mischbestände aufbauen können, die dem ursprünglichen Bergwald entsprechen.

Vielfältige Landschaftsformen, Standorte und Wälder beherbergen auch eine entsprechende Tierwelt. Meistens wird dabei an Hirsche, Rehe, Wildschweine, Füchse und Dachse gedacht.

Sie alle kann man finden, wenn man behutsam genug beobachtet. 1936 wurden im Feldberggebiet wieder Gemsen eingebürgert. Diese markanten Arten sind jedoch nur ein kleiner Teil der hiesigen Tierwelt. So beleben viele Vögel Wälder wie Felder, und mit der naturnahen Bewirtschaftung und Pflege nimmt die Vielfalt wieder deutlich zu, wie bei den Spechten, Tauben und Greifvögeln festgestellt werden kann. Kummer bereiten die Rauhfußhühner, bei denen das Auer- und Haselwild vom Aussterben bedroht sind und deren Restbestände nur durch schützende Hege erhalten und gefestigt werden können. Sie ertragen wenig Störungen und verlangen, daß Erholung und Natursport in ihren Lebensräumen klein geschrieben werden. Wer Natur in welcher Form auch immer beansprucht und nutzt, muß bereit sein, die dauerhafte Tragfähigkeit seines Handelns stets zu beachten.

Der Schwarzwald ist heute durch einen nie dagewesenen Reichtum an Wäldern und Holzvorrat gekennzeichnet. Zur Aufbauarbeit kam, daß durch die rückgängige Landwirtschaft, die im Gebirge immer weniger konkurrenzfähig wurde, dem Wald mehr und mehr Flächen zur Aufforstung zufielen. In manchen Gemeinden muß sogar darüber nachgedacht werden, wie man Flächen offenhält, denn der großartige Wechsel zwischen Wald und Feld und die formen- und artenreichen Randsituationen machen den Reiz besonders des südlichen Schwarzwaldes aus. Kein Zweifel kann bestehen, daß die größten Holzvorräte Europas, die man, auf den Hektar bezogen, im Schwarzwald findet, ein hohes Kapital an regenerativem Rohstoff darstellen, dessen Bedeutung vielleicht erst in der Zukunft erkannt wird.

Der Wald hat viele Funktionen

Wald ist nicht nur eine Produktionsstätte für Holz. In der Vielfalt seiner Funktionen wird er gerne als selbstverständliches Allgemeingut angesehen. In vielerlei Hinsicht dient er tatsächlich auch allen. Denken wir an seine ausgleichende Wirkung für das Klima, an den Schutz, den er im Gebirge dem Boden gibt, an seine segensreiche Auswirkung auf den Wasserhaushalt. Er bremst die Niederschläge, saugt sie in seinem Boden wie ein Schwamm auf und gibt sie langsam wieder ab. Wald ist der beste „Brunnendeckel" über dem Grundwasser, denn er filtert Immissionen aus und wird bei seiner Nutzung nur unbedeutend mit Chemikalien belastet.

Schwarzwaldhöfe – ein Gütezeichen

Wenn wir all diese Wohltaten in Anspruch nehmen, dürfen wir nicht vergessen, daß der Wald Eigentümer hat. Im Schwarzwald ist weniger als ein Fünftel des Waldes im Besitz des Staates. Die größte Fläche gehört zu etwa gleichen Teilen den Gemeinden und privaten Waldbesitzern, vor allem Bauern. Der Staat kam bei der Säkularisation durch die Enteignung der Klöster und durch den Ankauf von Höfen zu seinem Eigentum. Der bäuerliche Waldbesitz reicht in das Mittelalter zurück und ist seit dieser Zeit im Höfegebiet, das seinen Schwerpunkt im Mittelschwarzwald hat, in seinen Grenzen nahtlos im Familienbesitz ungeteilt gesichert. Es ist das besondere Charakteristikum der Schwarzwaldhöfe, daß sie reich mit Wald ausgestattet sind. Ihre landwirtschaftliche Fläche nimmt zumeist weniger als ein Drittel ein. Die Waldgröße schwankt dabei zwischen 10 und 200 Hektar je Hof. Die Waldarbeit ist ein idealer Ausgleich zur landwirtschaftlichen Tätigkeit, weil sie dann verrichtet werden kann, wenn die Feldarbeit ruht. Die Wälder tragen nicht nur zu den laufenden Betriebseinnahmen bei, sie waren bisher als „Sparkasse“ nicht minder wichtig, weil auf den Holzvorrat zurückgegriffen werden konnte, wenn Bedarf für Investitionen war oder Geschwister ausgezahlt oder die Aussteuer für die Tochter beschafft werden mußte. Für die Höfe ist ihre Ertragsfähigkeit von existentieller Bedeutung. Für den Charakter des Schwarzwaldes gilt dies in nicht geringerem Umfang. Die Pflege, die der Wald und die Landschaft durch die Bauern erfahren, bestimmt das Gesicht des Gebirges. Lebensfähige Höfe gehören zur Identität des Schwarzwaldes, der ohne deren mächtige Walmdächer, unter denen reges Leben herrscht, viel ärmer wäre.

Schwere Arbeit

Waldarbeit ist in jeder Form hart und risikoreich. Dies war in der Vergangenheit noch viel mehr der Fall. Alles mußte bis vor wenigen Jahrzehnten von Hand geleistet werden. Das Schroten mit der Axt und das Fällen der Bäume mit der Säge beanspruchten viel Kraft, das ständige Auf und Ab an den steilen Hängen verlangte ungeheuere Ausdauer, und das Zurechtrücken des schweren Holzes barg große Gefahren. Hinzu kam, daß der Aufschluß mit Wegen sehr spärlich war. Für die Holzhauer war es oft zu beschwerlich, nach einem harten Arbeitstag von Sonnenaufgang bis zum Sonnenuntergang hinab ins Tal zu steigen. So verbrachten sie die Wochentage in bescheidenen Hütten zusammen mit ihren Pferden und Ochsen, die ihnen bei der Arbeit dienlich waren.

Die größte Erleichterung brachte die Einführung der Motorsäge, die ursprünglich wegen ihres großen Gewichtes von zwei Mann bedient wurde. Inzwischen wiegen diese Geräte nur noch wenige Kilogramm, und es wurden Arbeitsverfahren entwickelt, die die körperlichen Beanspruchungen minderten und hohe Leistungen ermöglichen. Dennoch fordert Waldarbeit auch heute den ganzen Mann, und leider ist das verbliebene Verletzungsrisiko immer noch groß. Die Löhne der Waldarbeiter sind gerechterweise hoch. Leider haben die Holzpreise keineswegs eine vergleichbare Steigerung erfahren wie die Kosten der Holzernte. Die Preise liegen nur unwesentlich über denen, die Mitte der fünfziger Jahre erzielt wurden, während die Kosten insgesamt das Zwanzigfache von damals ausmachen. So darf sich niemand wundern, wenn immer mehr Maschinen im Wald eingesetzt werden, die als sogenannte Prozessoren Bäume fast jeder Stärke umsägen, entasten, entrinden und sortengerecht lagern. Mit ausgeklügelten Verfahren wird dafür gesorgt, daß diese maschinellen Abläufe schonend für den Boden und die verbleibenden Bäume vonstatten gehen.

Neuartige Waldschäden

Ungemach kam etwa um 1980 über den Wald, das Eigentümern wie Bewohnern des Schwarzwaldes und auch dem Fremdenverkehrsgewerbe große Sorgen bereitete.

Neuartige Waldschäden traten auf, man sprach vom Waldsterben und befürchtete, daß es so kommen werde, wie wir es bis heute im Erzgebirge erleben, wo Waldbestände auf großen Flächen abgestorben sind. Besonders die Nadelbäume Tanne und Fichte verloren ganze Nadeljahrgänge, ihre Kronen verlichteten und wurden gelb, Bäume und Baumgruppen gingen zugrunde. Seither wird der Gesundheitszustand der Wälder jährlich in statistisch abgesicherten Stichproben festgestellt.

Im Schwarzwald weist danach etwa ein Drittel der Bäume erhebliche Nadelverluste auf. Ihr Anteil schwankt um diesen Wert von Jahr zu Jahr. Durch die Stabilisierung der Symptome auf diesem Niveau darf man sich jedoch nicht täuschen lassen, denn in den Böden müssen durch die übermäßigen Einträge von Stickstoff und anderen Immissionen tiefer gehende Schäden registriert werden, die zur Versauerung und Auswaschung von Nährstoffen führen. Man weiß nicht, wie die Waldbestände dem gewachsen sind. In der noch offenen Diskussion um die Ursachen und die Wirkungsabläufe ist gesichert, daß es keine monokausale Ursache gibt, sondern daß zeitlich und räumlich unterschiedlich viele Faktoren ursächlich und verstärkend beteiligt sind. Feuchtigkeit, Bodenzustand, Windeinfluß, Höhenlage und Vorgeschichte der Waldbehandlung spielen eine Rolle. Ein maßgeblicher Anteil am „Waldsterben" wird aber allgemein den Einträgen von Schadstoffen aus der Luft beigemessen, die von den Baumkronen besonders intensiv ausgefiltert werden. Konsequente Fortsetzung der Luftreinhaltepolitik ist deshalb nach wie vor der wichtigste Beitrag zur Gesundung der Wälder.

Dorado für Erholung und Sport

Gerade diese Problematik hat die Augen dafür geöffnet, welche Bedeutung die Erholungsfunktion der Wälder im Schwarzwald hat. Tausende von Menschen suchen in ihnen im Urlaub, an Wochenenden und in der Freizeit Entspannung und Ausgleich. Ruhe, bessere Luft, die Fülle der Naturschönheiten, vielleicht auch der Anblick von Wild, der Reiz der Bergwelt, unberührte Wildwasser und kleine Bäche, die Seen und oft ein großartiger Wechsel von Wald und Flur machen den Schwarzwald so anziehend. Ein großzügiges, gut markiertes Netz von Pfaden und Forstwegen verlockt zum Wandern. Die Möglichkeiten, sich aktiv zu erholen, sind besonders groß und reichen vom Mountainbiken in den Sommermonaten bis zum Skisport im Winter. Dem Langläufer stehen gut präparierte Loipen, die von der Forstverwaltung und den Gemeinden in regelrechten Zentren angelegt wurden, zur Verfügung. Auch wer alpin Skilaufen will, kommt in den höheren Lagen auf seine Kosten. Die Wintersportanlagen des Schwarzwaldes sind wegen ihrer Naturverträglichkeit bekannt. Schließlich wurden hier vom Skiverband in Zusammenarbeit mit Naturschützern Modelle entwickelt, die wie das integrale Projekt Rohrhardsberg bei Schonach in andere deutsche Gebirge übertragen wurden.

Man muß nicht Förster und auch nicht hier geboren sein oder ständig wohnen, um zu sehen, welch großartiges Gebirge der Schwarzwald ist, wie abwechslungsreich seine Täler und Berge sind und welche Schätze seine Wälder bergen und wie sehr es sich lohnt, ihnen nachzuspüren!

Skisport im Schwarzwald

Geschichte – Erinnerungen – Begegnungen

Bruno Moravetz

Die ganze Schuld an allem, was den Skilauf betrifft, müßte einem Herrn aus Norwegen namens Fridtjof Nansen zugeschoben werden. Er hatte im Sommer 1888 das Inlandeis auf Grönland mit einigen Gefährten überquert und darüber einen recht spannenden Bericht geschrieben und veröffentlicht: „Auf Skiern durch Grönland". Das wäre weiter nicht besonders aufregend gewesen. Doch da war, auch in der 1891 in deutscher Übersetzung erschienenen Ausgabe, dieses Kapitel über die „Herstellung und den Gebrauch der Skier". Und das war das erste deutsche Ski-Lehrbuch. Zwar hat es in deutschen Landen zuvor schon Versuche gegeben, vor allem in den Mittelgebirgen und auch im Schwarzwald, sich auf dem Schnee mit den langen Hölzern zu bewegen. Studenten aus Norwegen an deutschen Hochschulen zumeist waren diejenigen, die ihre Skier aus Norwegen mitbrachten, als sie erkannt hatten, daß auch in unseren Breitengraden zur Winterszeit ausreichend Schnee zu liegen pflegt. So hat beispielsweise auch ein Junge namens Wilhelm Paulcke schon zu Weihnachten 1883 in Davos, wo die recht wohlhabende Familie des Pharmazie-Fabrikanten Paulcke aus Leipzig eine Zeitlang gelebt hat, ein Paar norwegischer Eschenskier erhalten – das norwegische Kindermädchen hatte sie aus seiner Heimat besorgt.

Skiclub Todtnau mit Ehrenmitglied Nansen

Die Begeisterung über Nansens Grönland-Bericht und vor allem die erste gute Anleitung zum Bau von Skiern führte viele junge und ältere Menschen zum Skilauf. Förster, Ärzte, auch junge Akademiker begannen geradezu mit Enthusiasmus, sich auf dem Schnee zu bewegen. In Todtnau ist 1891 der erste Skiclub gegründet worden, im Nebenzimmer des Gasthofs „Ochsen" wurde gar eine Nansen-Ecke eingerichtet, nachdem der norwegische Wissenschaftler und Forscher die angetragene Ehrenmitgliedschaft annahm.

In jenen Jahren Ende des 19. Jahrhunderts ist der junge Sachse Wilhelm Paulcke als Student nach Freiburg gekommen. An der Universität begann er, Naturwissenschaften zu studieren und für den Skilauf zu werben. Es ist besonders bemerkenswert, daß damals schon die Studenten, Paulcke und seine Freunde, junge Damen aufgefordert haben, aus dem Korsett zu steigen: „Aus der Taille mit der lächerlich verstümmelten Schnürbrust wurde wieder ein gesunder, schlanker, ranker, tiefatmender Körper", schrieb Paulcke. Und schon 1895 organisierten die Freiburger Skiläufer auf dem Feldberg einen Damen-Skiwettlauf! Ob da wohl nicht auch so manche zarten Bande geknüpft wurden?

Überhaupt der Schwarzwald: das Alpha und Omega der Entwicklung des Skilaufes und vor allem des Skisportes, des Wettkampfsportes – wie allgemein bekannt – in ganz Deutschland. Noch bevor es einen Deutschen Skiverband gab (der 1905 von Paulcke gegründet worden ist), sind auf dem Feldberg Meisterschafts-Wettkämpfe ausgetragen worden: 1900 gewann der Norweger Bjarne Nielsen den Lauf, 1901 siegte er im Springen. Heute sind diese Wettkämpfe vom Deutschen Ski-Verband als die ersten Deutschen Meisterschaften registriert.

Wege des deutschen Skisportes

Es ist historisch eindeutig, daß der deutsche Skisport seinen Anfang im Schwarzwald, vor allem auf dem Feldberg, nahm. Leider sind in den letzten Jahren sportliche Aktivitäten auf dem Feldberg etwas selten geworden. Nur gegenüber, auf

Eine Ära beginnt: Christl Cranz setzt Maßstäbe.

dem Herzogenhorn, hat im Trainingszentrum der Leistungssport noch ein Zuhause.

Ich erinnere mich noch mit großer Freude der schönen Tage des vorösterlichen Feldberg-Skispringens, als man in der ersten Zeit nach dem Zweiten Weltkrieg zunächst noch im „Hebelhof" untergebracht war und die damals besten mitteleuropäischen, etwas später auch wieder die norwegischen Springer dabei waren. Mit 42 Jahren hat 1953 noch Birger Ruud teilgenommen. Nach der Siegerehrung im „Feldberger Hof" gab es einen Ehrentanz, zu dessen Ende Birger auf der Tanzfläche – noch in seinen Springerschuhen – aus dem Stand einen Salto rückwärts drehte und einen gewaltigen Jauchzer losließ.

Auf dem Feldberg hat auch der deutsche alpine Skisport in den frühen dreißiger Jahren seine Geburtsstätte gefunden: Christl, Rudi und Harro Cranz – diese Namen stehen für ein großes Kapitel der Weltgeschichte des Skisportes. Im Zastler Loch, am Nordabhang des Feldbergs, haben sie trainiert, haben sich die Meisterschaft angeeignet, die sie dann zu Weltruhm führen sollte.

Auf dem Feldberg hat auch einer seine ersten Spuren in den Schnee gezogen, der sein ganzes langes Leben und noch immer mit dem Skisport verbunden ist: Fredy Stober, Zahnarzt von Beruf, von dem man nie wußte, wann er denn seinen Beruf ausgeübt haben mag, weil er tagaus, tagein für den Skisport im Schwarzwald und im Deutschen Skiverband wirkte. Er war als junger Gymnasiast schon einer der Besten im Abfahren und im Slalom, hat später als Student auch bei den Meisterschaften der Akademiker (1932) Titel gewonnen.

Ende einer Legende

Vor Jahren ist einmal von einem Jemand erzählt worden, der junge Fredy Stober sei auf dem Eibsee unter der Zugspitze am Seil des Kunstfliegers Ernst Udet über das Eis geschleppt worden. Es ist wie ein Witz von Radio Eriwan: Es ist richtig, daß Udet über einen zugefrorenen See geflogen ist, es war jedoch nicht der Eibsee, sondern der Titisee; es ist richtig, daß bei einer Schau-Veranstaltung Fredy Stober von Udet mit seinem Flugzeug über das Eis geschleppt werden sollte – doch Udet hatte abgelehnt, weil es ihm für den jungen Skifahrer zu gefährlich erschien.

Es war eine sportliche Veranstaltung, wie es sie heutzutage auch nur noch selten gibt: Skijöring hinter Automobilen und Motorrädern. Sie hatten lange, schwere Sprungskier unter den Schuhen, wenn sie so mit 80 bis 100 km/Std. über den Titisee fegten. Fredy Stober hatte einen großen Förderer: August Euler, Inhaber des deutschen Pilotenscheines Nummer 1 und auf dem Feldberg so gut wie zu

Hause. „Die alten Adler" trafen sich dort immer wieder. Wenn der Student Fredy Stober zu einem Rennen fahren sollte, schob ihm August Euler schon mal einen 50-Reichsmark-Schein in die Hand – der Skisportler hatte einen großzügigen Sponsor. Dieser August Euler, ein Techniker mit immer neuen Ideen, baute schon 1928 einen Skiaufzug zum Seebuck. Angetrieben wurde dieser Aufzug von einem Acht-Zylinder-Motor, der aber für die ganze Konstruktion zu stark war – der Schlitten, die Seile wurden zerrissen...

Olympia-Revanche auf dem Feldberg

Es war ein großes Skifest, damals Ende 1928, als eine ganze Reihe von Weltklasse-Läufern und -Springern zum Feldberg kam. Am 18. Februar waren in Sankt Moritz die II. Olympischen Winterspiele zu Ende gegangen und es gab im Schwarzwald so etwas wie einen Revanche-Wettkampf. Hans Vinjarengen aus Norwegen, Gewinner der Silbermedaille in der Nordischen Kombination, siegte auf dem Feldberg. In diesem Wettkampf war auch Ludwig Böck aus dem Allgäu dabei, der zuvor in Sankt Moritz mit der damals noch besonders anerkannten Leistung als „bester Mitteleuropäer" auf den siebten Platz gekommen war. Er hatte auch seinen japanischen Freund Take Aso zur Teilnahme am Feldberg überredet. Dem Japaner haben damals ganz besonders die geselligen Runden im „Feldberger Hof" nach den Wettkämpfen gefallen, wie er Jahre später noch mit leuchtenden Augen erzählte.

Freiburger Ski-Filme weltweit

In den Sturm-und-Drang-Jahren des Skisports, den Zwanzigern nach dem Ersten Weltkrieg, haben die großartigen Filme aus Freiburg weltweit für den Sport geworben. Dr. Arnold Fanck drehte mit Schwarzwäldern wie Ernst Baader und mit Hannes Schneider, dem Skikönig vom Arlberg, die ersten Filme. Sein Kameramann war der große Künstler Sepp Allgeier. „Der weiße Rausch" vor allem, aber auch „Der heilige Berg", „Die weiße Hölle vom Piz Palü", „Stürme über dem Montblanc", „SOS Eisberg" – diese Filme, in denen eine Leni Riefenstahl entdeckt wurde, durch die ein Luis Trenker, eigentlich Architekt von Beruf, seine Lebensaufgabe gefunden hat, gingen um die Welt, füllten die Säle mit einem begeisterten Publikum. Ich erinnere mich, wie er als Zehnjähriger aufgeregt den Pulverschnee-Fahrten eines Hannes Schneider gefolgt ist, wie die eindrucksvollen Bilder von der winterlichen Bergwelt noch lange nachwirkten. Sepp Allgeier hat, als er noch in den frühen Fünfzigern mit seiner Kamera auch bei Deutschen Meisterschaften, etwa in Neustadt 1955, seine einmalig schönen Aufnahmen machte, erzählt, wie das damals war: Tagelang haben sie irgendwo auf einem verschneiten Grat biwakiert, nachdem sie die damals unhandlich-schweren Geräte hinaufgeschleppt hatten, um auf die wenigen Minuten des richtigen Sonnenlichtes zu warten, die allein die gewünschten eindrucksvollen Aufnahmen ermöglichten.

Schwarzwälder Skisportler in aller Welt

Fast fünf Jahrzehnte bin ich als Journalist durch die Welt des Skisportes gezogen – beruflich und mit begeisterter innerer Anteilnahme. Überall und immer wieder hat es Begegnungen mit hervorragenden Skisportlern aus dem Schwarzwald gegeben. Die ersten Begegnungen waren bei den ersten Nachkriegs-Meisterschaften Ende Januar 1949 in Isny im oberschwäbischen Allgäu. Wir waren alle ausgehungert, doch in Isny tat sich das Schlaraffenland auf. Der französische Kommandant hatte Lebensmittel freigegeben – ohne Bezugsmarken konnten wir riesige Schnitzel essen. Robert Grießhaber, Oskar Burgbacher, Hermann Möchel, Siegfried Weiß und Sepp Maier, Georg Thoma und die Staffelläufer der Schwarzwälder; Rita Czech-Blasl, die 1964 in der gesamtdeutschen Frauenstaffel in Seefeld über 3 x 5 km

Großer Geländesprung:
Dr. Ernst Baader erstmals über die Seebuckwächte am Feldberg.

auf den vierten Platz lief. Siegfried Hug, Georg Zipfel und seine Brüder – eine weitere Schwarzwälder Skifamilie –, Urban Hettich und Hans-Peter Pohl, Nachfolger von Georg Thoma in der nordischen „Königsdisziplin", Ernst Wursthorn, Uli Boll. Hansjörg Jäckle, Christoph Duffner und Dieter Thoma, die heute auf den Sprungschanzen den Ton anzugeben vermögen – es sind diese Namen und noch viele, die mir begegnet sind, wenn ich nur an Eugen Schweizer denke, den urigen Bürgermeister aus Hofsgrund. Nicht zu vergessen aus dem alpinen Lager Dotzi Hillemanns und Claus Mölders, Franz Bernauer, Richard Mutter, Ulli Messerschmidt, Hansjörg Schlager, Egon Hirt und Heidi Wiesler – Namen und Persönlichkeiten, die jeder für sich dem Skisport ihren Teil gegeben haben, die aus dem Skisport für sich, für ihr Leben so manches mitnehmen konnten.

Einige Gedanken sollen abschließen: Mit den Jahren hat sich innerhalb der großen Wandlungen unserer Zeit auch der Skisport gewandelt. Aus dem Wintersport von einst ist ein Ganz-Jahres-Sport geworden, mit allen unabwendbaren und offenbar notwendigen Begleiterscheinungen – im guten und auch weniger guten Sinne. Aber trotz aller Wandlungen: der Skisport lebt weiter, er erfaßt immer mehr Anhänger in aller Welt, und er kann immer noch begeistern...

Ein Schwarzwälder Bub erobert die Skiwelt

Werner Kirchhofer

Als Hirtenbub des Wunderlehofs

Er liebte die Herausforderung – mehr noch: er brauchte sie bei der Gestaltung seines Sportlerlebens und suchte fast gierig nach ihr: Georg Thoma aus Hinterzarten, geboren am 20. August 1937 in Neustadt im Schwarzwald. Oft schienen die Hürden, die er anging, um der Herausforderung gerecht zu werden, zu hoch zu sein für einen, dessen Kindheit daraus bestand, rund um den einsam gelegenen Wunderlehof Kühe zu hüten, aber Mut und Wille waren ihm wohl in die Wiege gelegt worden. Alles andere erarbeitete er sich von einer guten Basis aus: Talent und Liebe zu seiner Sportart, die wieder eng gekoppelt waren mit seiner Liebe zur Schwarzwald-Heimat. Wenn es ihm gelang, zu den größten Skisportlern der Welt aufzusteigen, dann war dies nicht nur sein persönlicher Erfolg, sondern einer, den er für den Schwarzwald errang.

Zwei Welttitel

Zurück zur Herausforderung: Sie nahm auf höchster Ebene zum ersten Mal von ihm Besitz, als er im Alter von 18 Jahren am internationalen Jugendlager in Lienz in der Nähe des Olympia-Ortes Cortina d'Ampezzo teilnehmen durfte. Noch schien aus ihm ein Spezialspringer internationaler Klasse zu werden. Zur Olympia-Berufung hatte es noch nicht gereicht, aber einer klugen Eingebung folgend, hatte er seine Sprungski mit ins Lager genommen. Es lohnte sich: Thoma durfte als Vorspringer der deutschen Mannschaft springen. Natürlich wäre er gern im Wettkampf über die Olympiaschanze gegangen, aber wenigstens die Luft um einen

Junger „Hupfer" auf der großen Hochfirstschanze

Briefträger in Hinterzarten

solchen Wettkampf durfte er schnuppern. Und schon hatte er seine Herausforderung: Bei den nächsten Spielen 1960 in Squaw Valley in den USA wollte er dabeisein – nicht als Vorspringer, sondern als Wettkämpfer.

Er war dabei – freilich nicht als Spezialspringer, sondern als Kombinierer. Daß er zuvor herausragende Leistungen im Spezialspringen erbracht hatte, interessierte nicht. Thomas Enttäuschung war verflogen, als er in einem der Mannschaftshäuser im „Tal der Indianerfrau" zusammen mit Ewald Roscher, Max Bolkart und Helmut Kurz das Viererzimmer bezogen hatte. Er war dabei, war Olympiakämpfer.

Osterspringen im Fahler Loch am Feldberg

Die Betonung mußte auf „Kämpfer" liegen. Mit Schanzenrekord als Sieger des Springens am Papoose Creak an den Langlaufstart am McKinney Creak gekommen, dachte Thoma nicht an eine Medaille, sondern nur daran, sein Bestes zu geben. Aber gerade dieses Beste brachte Gold. Der Finne Ristola und der Russe Gusakow, der Norweger Knutsen und der Japaner Eto – sie alle konnten gegen den wie entfesselt laufenden Thoma den Rückstand aus dem Springen nicht wettmachen. Georg Thoma Olympiasieger – die Begeisterung in ganz Deutschland kannte keine Grenzen – vor allem Hinterzarten stand kopf, als Georg Thoma und mit ihm sein Vereinskamerad Siegfried Hug, der im Langlauf gestartet war, zurückkamen.

Dieser Olympiasieg hatte skigeschichtliche Bedeutung: Die Vorherrschaft der Skandinavier in ihrer ureigensten Disziplin war gebrochen. Das „deutsche Zeitalter" in der Nordischen Kombination war angebrochen. Nur zweimal, 1962 und 1964, gab es noch einmal norwegische Weltmeister, dann beherrschten für Jahrzehnte Deutsche die Szene: Noch einmal Georg Thoma, dann Franz Keller, Ulrich Wehling, Konrad Winkler, Hermann Weinbuch. Georg Thoma wurde mit Ehrungen überschüttet: Die Berliner Sportjournalisten schmückten ihn mit dem begehrten „Goldenen Band", Bundespräsident Lübke heftete ihm die höchste deutsche Sportauszeichnung, das Silberne Lorbeerblatt, an, die deutsche Sportpresse wählte ihn zum „Sportler des Jahres 1960".

1966 stand Georg Thoma wieder auf dem obersten Treppchen – diesmal bei den Weltmeisterschaften in Oslo. Nach dem Springen führte Franz Keller aus Nesselwang. Ihm mußte Thoma auf dem alten Midstuenbakken den Vortritt lassen. Das war wieder eine jener Herausforderungen an Georg Thoma. Und er bestand sie in einem Rennen, das wohl keiner der Beteiligten vergessen hat. Thoma, inzwischen 28 Jahre alt, wurde erbarmungslos von den Jungen gejagt: von Franz Keller, von Wiesel Kälin, dem Schweizer Laufwunder aus Einsiedeln, von Ralph Pöhland aus Klingenthal in Sachsen. Gegen Keller hatte er den Rückstand aus dem Springen wettgemacht, aber auch der holte auf den letzten Kilometern auf. Georg Thoma wurde Weltmeister mit einer gewaltigen Energieleistung. Als er wieder Luft zum Sprechen hatte, stieß er den einen Satz heraus: „Das war mein letztes Rennen; die Jungen sind zu stark für mich geworden."

Es gab, und auch das war typisch für Georg Thoma, keinen Rückzug vom Rückzug. Man sollte ihn im internationalen Konzert nicht mehr sehen.

Die großen Serien

Die Weltmeisterschaft war der vierte Sieg am Holmenkollen in Folge – das hatten auch die Norweger in früheren Jahren nicht geschafft. Großartig aber auch seine Siegesserien bei den großen Klassikern in Skandinavien, die den

Auf der Spur zum Olympiasieg

Olympiasieger 1960

Grand-Slam-Turnieren im Tennis gleichzusetzen sind: Falun, Lahti, Kuopio, Kiruna – Siege an diesen legendären Stätten des internationalen Skisports verschafften Georg Thoma größte Hochachtung in Skandinavien. Und wieder der Schwarzwaldbezug: Man ließ sich erklären, wo denn diese Skilandschaft in Deutschland liegt.

Im eigenen Land

Kein deutscher Kombinierer sollte Georg Thoma bei Deutschen Meisterschaften zwischen 1958 und 1966 schlagen. Es führte einfach kein Weg an diesem Energiebündel aus dem Schwarzwald vorbei. Eine Meisterschaft, die von Ruhpolding 1963, hatte einen besonderen Hintergrund: Zweimal war Georg Thoma beim Kombinationsspringen gestürzt, hatte also nur einen Sprung voll in der Wertung. Damit hat eigentlich kein Kombinierer mehr eine Chance auf den Sieg. Nicht so Georg

Triumphaler Empfang zu Hause

Sportler des Jahres 1960

Überreichung des „Silberlorbeers" durch Bundespräsident Lübke

Thoma, der wieder eine Herausforderung sah. Edi Lengg aus Reit im Winkl war zu einem „ewigen Zweiten" geworden. Nie hatte er Georg Thoma schlagen können. Jetzt sah er seine große Chance. „Jetzt pack' ich ihn", verkündete er jedem, den er gerade sah. Doch es sollte anders kommen: Georg Thoma lief eines seiner ganz großen Rennen, hatte unter den Speziallangläufern die zweitbeste Zeit. Nur Walter Demel, Weltklasse unter den Läufern, war schneller und Thoma wieder Deutscher Meister. Man spricht heute noch in Fachkreisen von diesem außerordentlichen Sieg.

Und noch ein Thoma-Schmankerl bei einer Deutschen Meisterschaft: In Reit im Winkl hatte er die Kombination gewonnen. Im Kreise seiner Freunde aus dem Schwarzwald hatte er den neunten Titelgewinn ausgiebig gefeiert. Sein Kopf war am nächsten Tag nicht gerade leicht zu nennen. Er schaute ungläubig drein, als der Sportwart des Skiverbandes Schwarzwald zu ihm kam. „Georg, du mußt in der Staffel laufen. Karlheinz Scherzinger ist beim Warmlaufen gestürzt und am Knie verletzt." Georg schluckte dreimal, dann kam seine Antwort: „Ich laufe." Und er lief, schwerer Kopf hin oder

Hochzeit 1960, Trauzeuge Fritz Walter

her, seine 10 Kilometer herunter (als Schlußläufer wieder gegen Walter Demel) und sicherte dem Schwarzwald den zweiten Platz. „Ich konnte doch nicht absagen", war sein einziger Kommentar zu dieser Parforceleistung.

Enttäuschungen

Natürlich mußte auch ein Georg Thoma in seiner Laufbahn Enttäuschungen durchleben. Zwei davon bei Welttitelkämpfen direkt nach seinem Olympiasieg in Squaw Valley. In Seefeld, wo die nordischen Wettbewerbe der Spiele von Innsbruck 1964 ausgetragen wurden, beendete er das Kombinationsspringen an erster Stelle und galt als haushoher Favorit. Doch im Langlauf hatte sich alles gegen ihn verschworen. Bundestrainer Albert Hitz, in Schönau lebender Hinterzartener, galt als ausgefuchster Wachsmeister. Ausgerechnet da tat er einen unglücklichen Griff in die Wachskiste: Thomas Ski, der beim Test am frühen Morgen noch ausgezeichnet griff, wurde im Verlauf des Rennens immer „spitzer", das heißt immer glatter. In den Anstiegen quälte sich Thoma, weil er bei jedem Schritt zurückrutschte. Doch nicht nur das.

Auch der Funkverkehr zwischen den Betreuern des Deutschen Skiverbandes funktionierte nicht. Thoma wußte nicht um seine Position, niemand konnte ihm sagen, daß der kleine Russe Nikolai Kieselew auf die zweite Position gelaufen war. Ihn hätte Thoma auch mit spitzem Ski noch schlagen können, zum Sieg über Olympiasieger Tormod Knutsen aus Norwegen bestand hingegen keine Chance mehr. Albert Hitz machte sich Selbstvorwürfe, aber Georg Thoma wehrte ab. „Ist denn Bronze nichts?" fragte er nur. Er konnte mit der olympischen Bronzemedaille leben.

Zwei Jahre vorher war ihm in Zakopane in der Hohen Tatra der Schnee zum Verhängnis geworden. Die nicht enden wollenden Schneefälle hatten eine perfekte Präparierung der Schanze unmöglich gemacht. Zweimal riß es Thoma beim Kombinationsspringen in den Neuschnee, beim zweiten Mal so, daß er ins Krankenhaus gebracht werden mußte. Kein Gedanke mehr an eine erfolgreiche Titelverteidigung.

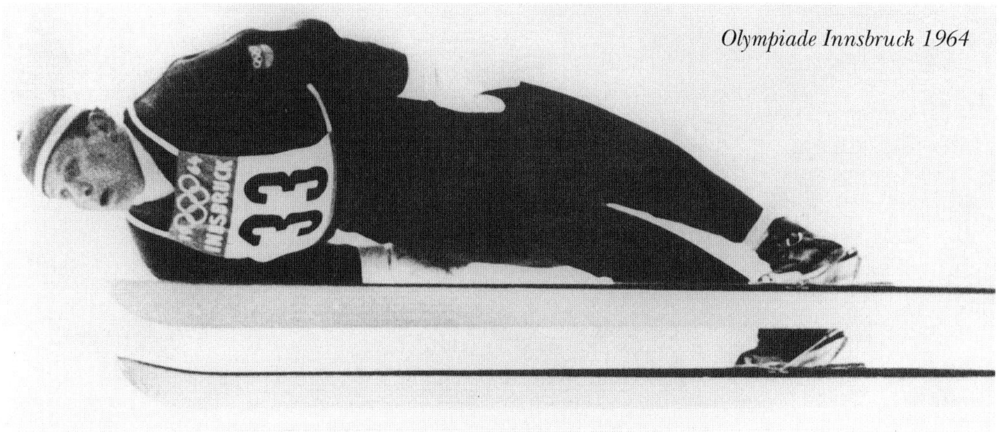

Olympiade Innsbruck 1964

Sieg am Holmenkollen 1963

Großes Pech schließlich hatte Georg Thoma 1961 in Le Brassus im Schweizer Jura: Durch die Unaufmerksamkeit eines Straßenpostens fuhr ein amerikanischer Straßenkreuzer ausgerechnet auf der den Auslauf kreuzenden Straße, als Georg Thoma sprang. Er kollidierte mit dem Auto und mußte in die Klinik.

Der Spezialspringer

Was über den Welterfolgen von Georg Thoma leicht vergessen wird, ist die Tatsache, daß er auch ein Spezialspringer mit Weltklasseformat war. Dreimal wurde er Deutscher Meister. Einer Sensation kam gleich, als er 1962 das Neujahrsspringen bei der deutsch-österreichischen Vierschanzen-Tournee gewann. 1963 wurde er in der Weltrangliste der Spezialspringer an dritter Stelle geführt.

Nachholbedarf

Als Georg Thoma 1966 bei der WM seinen Rücktritt erklärte, betraf das nur das internationale Geschäft. Im Schwarzwald stand noch eine Herausforderung an: der 100-Kilometer-Rucksacklauf von Schonach über Hinterzarten und den Feldberg zum Belchen. In 5:51 Stunden stellte er einen bis heute gültigen Rekord auf. Thoma dazu: „Es ging mir nicht um den Rekord. Das wunderschöne Erlebnis, meine Schwarzwaldheimat zu durchwandern, faszinierte mich so an diesem Lauf." Das sagt mehr als alles andere über die Einstellung des großen Ski-Athleten aus.

Über Schweizer Pässe 1986

Georg Thoma

Geboren am 20. August 1937 in Neustadt im Schwarzwald

1950	Schülerskimeister im Sprunglauf
1953	Dreifacher Schwarzwaldjugendmeister Spezialsprunglauf – Langlauf – Nordische Kombination
1954	Erstmals Deutscher Jugendmeister, insgesamt 7 mal
1958	Erstmals Deutscher Meister; insgesamt 12 mal, 9 mal in der Nordischen Kombination, 3 mal im Spezialsprunglauf
1960	Olympiasieg und Weltmeister in der Nordischen Kombination in Squaw Valley/USA
1960	Silberner Lorbeer durch Bundespräsident Lübke
1960	Sportler des Jahres
1963	1. der Weltrangliste in der Nordischen Kombination
1963	3. der Weltrangliste im Spezialsprunglauf
1963	Holmenkoll-Orden durch Kronprinz Harald von Norwegen. Voraussetzung: fünfmalige Teilnahme, dabei dreimal unter den ersten drei Siegern
1963	3. Sportler des Jahres
1964	Bronzemedaille in der Nordischen Kombination Olympiade in Innsbruck/Österreich
1965	1. der Weltrangliste in der Nordischen Kombination
1965	2. Sportler des Jahres
1966	Weltmeister in der Nordischen Kombination in Oslo/Norwegen
1966	1. der Weltrangliste in der Nordischen Kombination
1966	2. Sportler des Jahres
1983	Dreifacher Senioren-Weltmeister im Ski-Langlauf – 15 km, 30 km, 50 km
1984	Zweifacher Senioren-Weltmeister im Ski-Langlauf – 15 km, 30 km
1985	Dreifacher Senioren-Weltmeister im Ski-Langlauf – 15 km, 30 km, 50 km
9 mal	Gewinner des Goldenen Ski
3 mal	Sieger in Kuopio/Finnland (Weltelite)
3 mal	Gewinner des Königspokals in Oslo (Weltelite); ununterbrochene Reihenfolge
3 mal	Sieger beim 100 km Rucksacklauf (Wäldercup) von Schonach – Hinterzarten – Belchen (1981: Bestzeit 5:51 Stunden)
2 mal	Sieger bei den Salpaussaelkä-Spielen Finnland (Weltelite)
2 mal	Gewinner des Cup Kongsberg
2 mal	Gewinner des Cup Berauer
1 mal	Sieger in Rovaniemi/Finnland (Weltelite)
1 mal	Sieger in Falun/Schweden (Weltelite)
1 mal	Sieger in Kiruna/Schweden (Weltelite)
1 mal	Sieger in Seefeld/Österreich (Weltelite)
1 mal	Sieger beim Neujahrspringen, Garmisch-Partenkirchen (Weltelite)
1 mal	Sieger in Moirana/Norwegen

Herausgeber und Autoren

Hansjörg Eckert, geb. 1946 in Freiburg, Bürgermeister von Hinterzarten, Präsident des Schwarzwald Tourismus Verbandes.

Werner Kirchhofer, geb. 1927, ehemaliger aktiver Sportler, Initiator des Langlauf-Weltcups im Skisport. Chefredakteur der Fachzeitschrift SKI, Redakteur der Badischen Zeitung bis 1972, lebt als freier Journalist in Freiburg, schrieb zusammen mit Georg Thoma ein Skiwanderbuch.

Erwin Lauterwasser, geb. 1930 in Neustadt im Schwarzwald, Dipl. Forstwirt; von 1973 bis 1995 Präsident der Forstdirektion Freiburg. Von 1969 bis 1983 Vorsitzender des Ski-Clubs Todtnau. Von 1985 bis Juni 1990 und seit 1993 Vizepräsident des DSV. Zahlreiche Veröffentlichungen zu Fachthemen und zum Naturschutz.

Bruno Moravetz, geb. 1921 in Kronstadt/Siebenbürgen, Journalist, lebt seit 25 Jahren in Nesselwang. Hauptthemen: Ski, Berge, Wildwasser und Fechten. Er hat Bücher über Berge und Ski veröffentlicht und wurde mit dem NOK-Fernsehpreis, dem Bambi und dem Goldenen Gong ausgezeichnet.

Rainer Mülbert, geb. 1941 in Muggenbrunn, Sportpädagoge, ehemaliger Jugendtrainer und Skirennläufer. Mitherausgeber von Bildbänden und Produzent von Fernsehfilmen, zuletzt einen Film über Georg Thoma mit dem Titel „Traumwald – Tiefschnee – Katzensprünge".

Wolfgang Müller, geb. 1937 in Stettin, Reprofotograf, ist Bildautor zahlreicher Bildbände, lebt seit vielen Jahren in Oberried/St. Wilhelm.

Hans-Jürgen Truöl M. A., geb. 1947, Redakteur der Badischen Zeitung; Autor und Fotograf von Bildbänden und Reiseführern mit Schwerpunkt Drei-Länder-Regio zwischen Schwarzwald, Vogesen und Alpen.

EULEN VERLAG Harald Gläser, Freiburg
Konzeption und Produktion: Ulrich Ruf, Freiburg
Redaktion: Erwin Lauterwasser, Rainer Mülbert, Ulrich Ruf
Schwarz-weiß-Fotografien: Archiv Georg Thoma
Reproduktionen: Hansjörg Koppenhöfer, Mundelfingen
Druck und Bindung: Freiburger Graphische Betriebe
ISBN 3-89102-263-8